マンションの老いるショック！

データから学ぶ管理組合運営

マンション管理士・東京都マンションアドバイザー
松本　洋

日本橋出版

大規模修繕工事

＊委任状と議決権行使書
＊総会の白紙の委任状
＊総会での緊急動議
＊総会の開催回数
＊議事録の作成と保管
＊書面による決議
＊総会の出席資格
＊役員候補者の選任方法

管理会社との上手な付き合い方

＊議事録と管理委託契約書
＊管理委託契約の内容と認知度
＊管理会社の業務の範囲
＊小規模マンションの管理委託

はじめに

我が国の総人口に占める65歳以上の高齢者人口の比率が次第に増えていく社会で、築年数40年を超える分譲マンションは２０１９年末では72・29万戸あり、10年後には約２・５倍の１８４・９万戸、20年後には5倍の３５１・９万戸に増える見込みであることが国土交通省から公表されています。

分譲マンションでは、区分所有者の老い、建物設備の老いの二つの老いを抱えています。そしてもう一つの老いとしてマンションの管理員、清掃員などの管理スタッフの老いも顕著です。

これは「マンションの老いるショック」です。

この「マンションの老いるショック」としっかり向き合うことができれば、様々な壁を乗り越えていくことができるのです。

しかしながら、管理組合は、三つの「老いるショック」に現実と向き合う必要があることはよく理解しているものの、役員のなり手がいないことや無関心層が多数派を占めることから煩わしい管理組合運営から逃避して、先延ばしにする傾向があります。

その結果、管理不全に陥り長期的あるいは客観的な観点からみて建物は老朽化し居住者のモラルの低下をもたらしてしまうことになります。それが長期化すれば、マンションは当然にスラム化していきます。

自分たちの住むマンションを最終的に建て替えするのか、修繕工事を行ない延命させるのか、敷地売却制度を利用するのか、色々な選択肢があります。マンションの建替えには高額な建築負担金が求められることが多いことから、経済的な理由でほとんど実施されないのが現状です。

国土交通省から２０１９年4月1日現在の建替の実施状況が公表されました。それによりますと、建替の実施の検討中も含めても全国でわずかに２８０件足らずです。

高齢化が進む中、マンションを「終の棲家」と考える人が増えてきています。

最近の調査では、管理組合運営における将来への不安は「区分所有者の高齢化」が53・1％と最も多く、次いで「居住者の高齢化」が44・3％、「修繕積立金の不足」が31・2％、「大規模修繕工事の実施」が27・8％となっています。

本書では、国土交通省から公表されているデータをもとに今、我が国のマンションが置かれている状況を分かりやすい表現で解説していきます。

「終の棲家」として、そして子や孫にも受け継いでもらえるような安心、安全、快適なマンションを目指して継続的なマンション管理運営の参考にしていただけますと幸いです。

選別淘汰され
やがて消えてゆく
マンション

分譲マンションストック戸数

出典：国土交通省

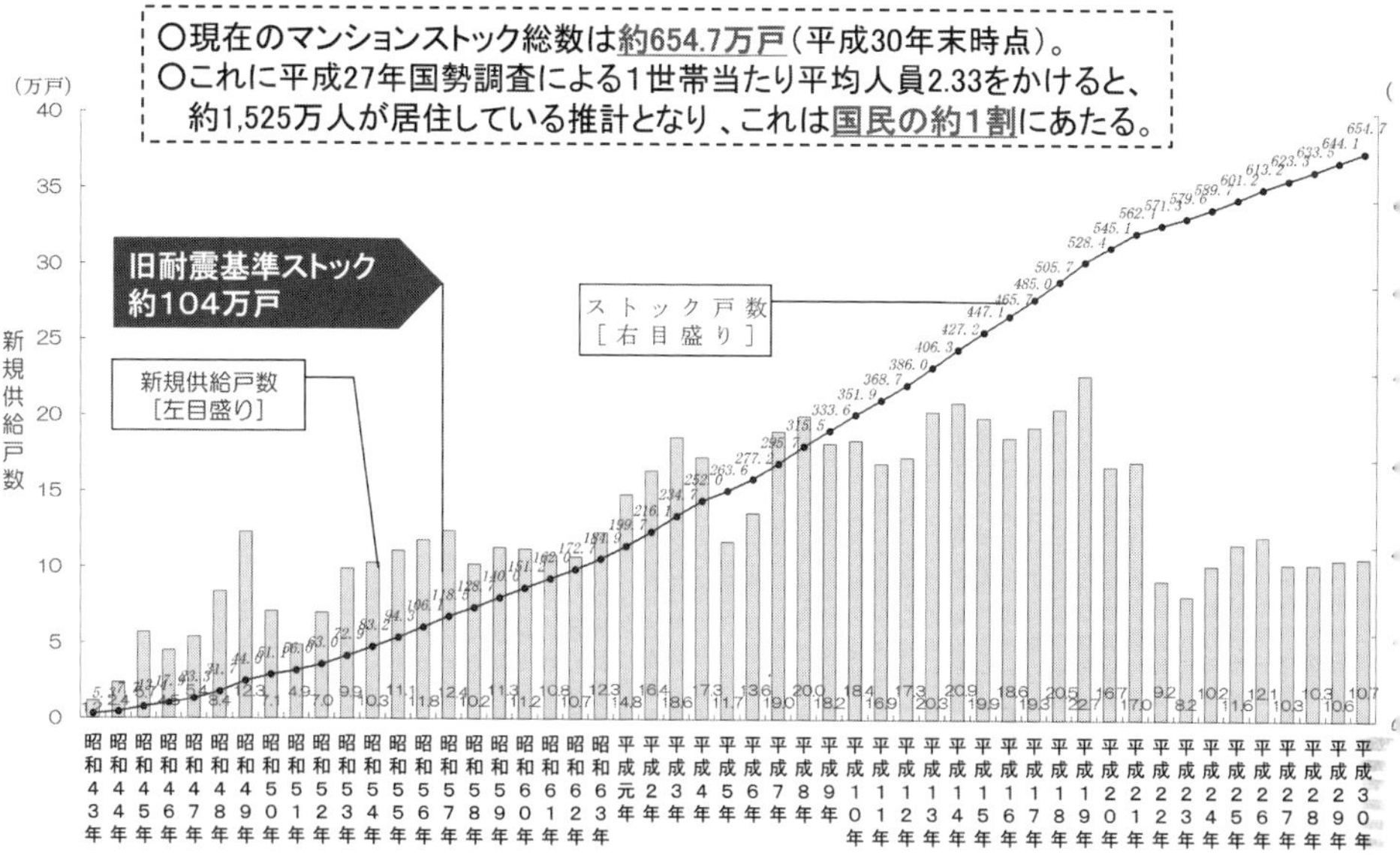

○現在のマンションストック総数は約654.7万戸（平成30年末時点）。
○これに平成27年国勢調査による1世帯当たり平均人員2.33をかけると、約1,525万人が居住している推計となり 、これは国民の約1割にあたる。

※ 1. 新規供給戸数は、建築着工統計等を基に推計した。
2. ストック戸数は、新規供給戸数の累積等を基に、各年末時点の戸数を推計した。
3. ここでいうマンションとは、中高層（3階建て以上）・分譲・共同建で、鉄筋コンクリート、鉄骨鉄筋コンクリート又は鉄骨造の住宅をいう。
4. 昭和43年以前の分譲マンションの戸数は、国土交通省が把握している公団・公社住宅の戸数を基に推計した戸数。

我が国のマンションのストック戸数（既存の分譲マンションで売りに出されている物件、つまり中古物件）は、国土交通省から平成30年度末で約654・7万戸になったことが報告されています。

国民の約1割がマンション住まいということです。

国土交通省から報告された『分譲マンションのストック戸数』のグラフでは年間約10万戸の新築のマンションが供給されていることになります。

要するに年間10万戸中古マンションが増えていることになります。

しかしながら、2006年から人口は減少し、さらに2015年から世帯数が減り始めています。

そのような中、マンションはどんどん増え

旧耐震基準ストック
約104万戸

［左目盛り］

［右目盛り］

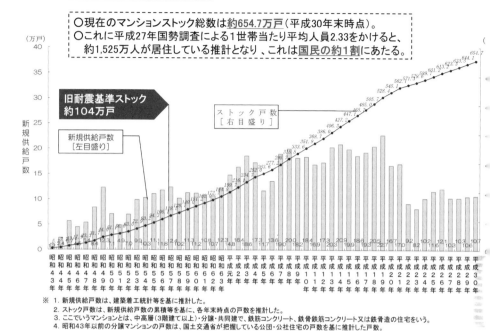

続けその結果、マンションはすでに供給過多の状況です。

築年数の浅いマンションではまだ買い手はつくものの、築年数が経過し老朽化が進んだ建物、給水・排水管のメンテナンスがされていない管理の悪いマンションは買い手もつかず空室となっているケースも多くあります。このようなマンションや管理に関する意識が低い居住者が多く住んでいるマンションは選別され、淘汰されてやがて消えていってしまいます。

相続放棄される価値のないマンション

選別、淘汰されるマンションといっても実感のわかない方も多いかと思います。

マンションの区分所有者がお亡くなりになると相続が発生します。一般的には親族関係にある人がマンションを相続します。

『マンションがもらえてラッキー！』となるはずですが、管理が悪く、相続しても修繕費用や管理の費用が多くかかり所有していても価値のないマンションや、利益を生まないマンションは引き継いだ本人が固定資産税や空室などで余計な悩みを抱えることになるので相続放棄されるケースが多くなっています。財産にならないマンションは持っていても仕方がないからです。

相続放棄されてしまうと、管理費や修繕積立金その他費用が滞納され、組合運営に支障が出、ほかの管理組合員に負担がかかる事例も報告されています。

相続放棄されると、管理費や修繕積立金の滞納などの債権を持つ人などが被相続人の最後の住所地にある家庭裁判所に「相続財産管理人」の選任を申し立てることができます。ほとんどの場合に弁護士が「相続財産管理人」になります。相続財産管理人は物件を売却したお金で管理費、修繕積立金の滞納分やローンの残額などを債権者に支払い、残れば国庫に納めるしくみです。

相続財産管理人は相続財産を原資として債権者等に返済をすることができ、不動産を売却して換金し支払いに充てることもできますが、不動産（マンション）を売却する前には別途家庭裁判所の許可を受ける必要があります。

相続財産管理人の選任申立てには申し立ての費用の他にその相続財産管理人へ支払う報酬や経費に充てるために予納金を納める必要がありその費用は管理組合が一時的に負担しなければなりません。

相続財産管理人は家庭裁判所が選任した弁護士が行うことが一般的ですが、その職責として相続財産の管理や債権者等への債務の弁済を行う仕事をこなすことになりますから、一定の報酬の支払いが必要です。原則として報酬は相続財産から支払われますが、報酬が不足すると困るので一定の予納金の納付を裁判所が求めることがあります。管理組合が申立人の場合には予納金は管理組合が管理費から支払うことになります。ですから管理組合は予納金を準備しておく必要があります。

金額としては、事案により異なり裁判所が決めますが、概ね１００万円～１５０万円が必要になります。

金額がかなり大きいことと、そのマンションが思ったより高く売れない場合など相続財産だけで報酬額が賄われない時には予納金が充てられ、そのお金は戻ってこない場合もあります。

ですから、「相続財産管理人」の選任申し立てを管理組合で行う場合には総会の決議を得ることでトラブルの防止ができると考えます。

相続財産は相続財産管理人の報酬よりも先に各債権者への弁済等に充てられることになり、それら清算が終わった後に相続財産管理人が報酬支払の申立てを裁判所に行います。

管理組合によっては、自分たちのマンションの物件があまりにも低い金額で取引されることでマンション全体の資産価値に影響することを懸念して管理規約などを改正して管理組合を法人化して管理組合でそのお部屋を買い取り規約共用部分として「集会室」や「ゲストルーム」として利用しているところもあります。

リゾートマンションの今

バブルの時代には3千万円～7千万円で取引されていたリゾートマンションが今は無残にも数十万円から数万円くらいの金額で売りに出されているケースがあります。

東京都内だったら5000万円～7000万円くらいするマンションが、10万円から20万円で所有することができるので無責任なテレビ番組等ではバブル時代にモーレツ社員として頑張った団塊の世代にとって、現役時代には叶わなかった「リゾート生活を満喫したい」という夢が格安で実現できるとレポーターが盛り上げてお役立ち情報として紹介しています。

なぜこんなに価格が安いのか、本当にお買

い得の物件なのかそれとも訳あり物件なのか。

マンションの所有者は、誰でも自分の財産のマンションを少しでも高く売りたいと思うはずです。ところが何らかの事情で、安くしか売れない場合もあるでしょう。

それが買主にとって問題にならない要因ならば、お買い得物件にもなるはずです。

最近の傾向として、10万円から20万円でマンションを所有することができるので、賃貸マンションやアパートを借りるより経済的でもあり、地元のサラリーマンやキャリアウーマン、学生がリゾートの目的ではなく住戸用として安いリゾートマンションを購入するケースが増えています。

そのような、リゾートマンションを住戸として利用する居住者が増えたことで色々な問題がでてきています。

共用施設として温泉付き大浴場のあるリゾートマンションでは、住戸として利用している居住者が毎日大浴場を利用するため常時満員で、たまに都会から保養に来る区分所有者が大浴場を利用できない状況も珍しくありません。

共用施設としての温泉付き大浴場は水道料、ガス使用料は管理組合の負担で清掃も管理会社が行うので住戸として利用している居住者にはメリットが多くあります。

リゾートマンションの各部屋（専有部分）にも浴室・浴槽はありますが共用の大浴場が利用できることから専有部分の浴室は物置や倉庫として利用されている住戸が多く浴室としての利用は少ないといわれています。

先日、ある温泉付き大浴場のあるリゾート

マンションを住戸として使用している区分所有者の方から、遠方から保養のために来館した組合員が共用施設の浴場が満員で利用できないとの苦情が多くなり大浴場の使用がポイント制になり毎月10回だけしか大浴場を利用できないように規約が改正されました。その規約改正は妥当でしょうか。というご相談を受けました。

このように、温泉付き大浴場も満足に利用ができず、既にリゾートマンションとしての役割も果たせなくなっているマンションもあります。

リゾートマンションは、管理費や修繕積立金の滞納者が多かったり、修繕積立金が不足していて、大規模修繕工事を行うことができなかったり、大規模修繕工事の際に多額の一時金を徴収される場合があります。

安いからといって、すぐには飛びつかず、まずは長期修繕計画書を確認することや、管理費等の滞納者がどのくらいいるのか、修繕積立金は不足していないか等、物件調査してから慎重に購入することが大切です。

永住意識

国土交通省が発表した「平成30年度マンション総合調査」では居住者の永住意識は高まっており、「永住するつもり」と回答したマンション居住者が過去最高の62・8％（前回調査より＋10・4％）となったことが発表されました。

気になる世帯主の年齢ですが、居住者の高齢化が進み、70歳代以上の割合は22・2％（前回調査より＋3・3％）となり、完成年次が古いマンションほど70歳代以上の割合は高くなっており、昭和54年以前のマンションにおける70歳代以上の割合は47・2％であったことが発表されています。

永住意識が増加した背景としては1986年（昭和61年）12月から1991年（平成3年）2月迄の期間は景気の良い時代が続いた。いわゆる「バブル景気」という時代だったということがあります。

バブル景気の時代は、今と違って人口がどんどん増えていて、我が国の国土の面積はこれ以上増えることは絶対にないので、将来土地は足りなくなる、土地の値段は必ず上がり続ける・・・という「土地神話」がまことしやかに巷に蔓延していたことを覚えている熟年世代の方も多いと思います。当時は、土地の値上がりが異常で東京の山手線の内側の土地の価格でアメリカ全土が買えるという試算が出るほど日本の土地の値段は高騰していました。

そのような状況の中、マイホームを手に入れようと考えている人たちの多くは戸建て思考でした。「夢の一戸建て」とか「庭付き一戸建て」というのが多くのサリーマンがマイホーム購入の夢を語るときのフレーズでした。憧れのマイホームとして「庭付き一戸建て」は誰もが叶えたい目標だったのです。

「土地神話」の影響で土地は異常なほどに高騰し、新規に持ち家を購入する一次取得では夢の庭付き一戸建てを購入することが現実には難しいことがわかってきました。

そこで、とりあえずマンションを買ってしばらくそこに住んで、そのマンションが値上がったらそのマンションを売って「夢の庭付き一戸建て」を購入することにしたのです。

マンションを購入する目的があくまで終の棲家ではなく「庭付き一戸建て」を購入する手段になりました。

ところが平成3年頃からバブルが崩壊して景気の後退期に突入しました。

その結果、土地の価格、マンションの価格は一気に下がり、二次取得で夢の一戸建てに買い替えることも不可能になり、夢はバブル（泡）のように消えてしまいました。

買い替えどころかマンションを売却してもローンの一括返済もできず、ローンの残債でマンションに住んでもいないのに、所有してもいないのに高金利で借りた住宅ローンの返済は続けなければならないという誰も予想していない状況に陥っていったのです。

進むも地獄、退くも地獄、「仕方がないこのままこのマンションに住み続けよう。」ということから、平成元年以前に建てられた比較的古いマンションでは、永住意識が高くなったという専門家もおります。

永住意識の高まりでマンションの居住者の高齢化が進んでいったのです。

マンション居住者の永住意識

国土交通省ホームページから

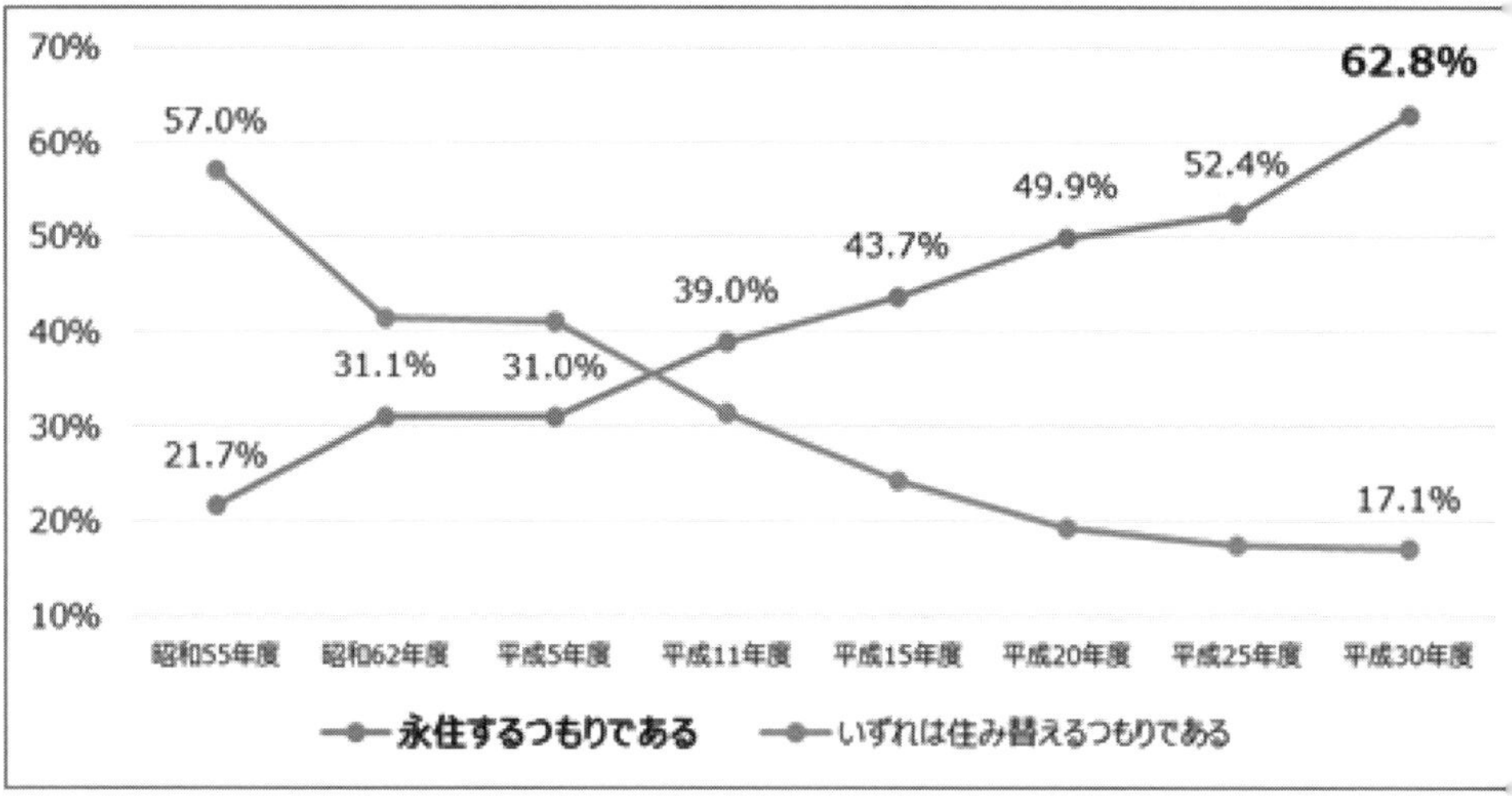

一戸建ての住宅から マンションへ移り住む高齢者の増加

最近の傾向として、今まで一戸建住戸に住んでいたが、住み替えで新たな住宅を購入する際は、一戸建てよりもマンションを選ぶシニア層が増えています。

理由としては、高齢になると一戸建よりマンションが住みやすいからだと最近戸建から住み替えた管理組合員の方に伺ったことがあります。

マンションは気密性が高いのでエアコンが効いて冬は暖かく、夏は涼しいので一年中快適な生活ができることや、カギ1本で外出ができることがあげられます。

オートロック・防犯カメラがあるので防犯性が高く高齢者にとってセキュリティの高い

マンションは魅力的です。

共用施設が充実したマンションでは、ゲストルームに友人や子供や孫を招き、フィットネスルーム、コミュニティルーム等では色々な趣味の合った居住者や友人と手軽に楽しむこともできるからです。

高齢になると、2階建て、3階建ての戸建は、階段を上り下りするのでどうしても足やひざに負担がかかるために、室内に階段のないマンションの方が住みやすい、そのような理由でもマンションンは高齢者に人気になったといわれています。

このほか、雪国に住む人の場合、「冬の雪かきや雪下ろしの手間がかからない」という理由や、「台風に強いし、台風一過の後始末が楽」という理由もあります。

進む高齢化と賃貸化

「平成30年度マンション総合調査」では、平成25年度と平成30年度を比較すると70歳以上の割合が増加する一方、30歳代以下の割合が減少しています。平成11年度から平成30年度の変化をみると、60歳代、70歳代以上の割合が増加、50歳代以下の割合が減少しており居住者の高齢化の進展が進んでいて築年数が経過しているマンションほど70歳以上の割合が高くなっていて70歳代以上の割合47・2％になっていることが報告されています。

高齢者がお元気なうちは良いですが、高齢者の定住が増えるにつれて病気になった際の対処や災害時の安否確認等の必要性や孤独死で発見が遅れるなど管理会社、管理組合も高齢者の対応には苦慮しているのが現状です。

近年、少子高齢化の進行や高齢者のみの世帯の増加、さらに地域コミュニティ自体が希薄化している中で、世代間交流がない高齢者の方は地域内で孤立する傾向が強く、このことが緊急に生活支援を必要とする状態になってからの高齢者の発見や、孤独死の増加など、社会的な問題となっています。２００４年の標準管理規約改正でコミュニティ条項が追加され、「地域コミュニティに配慮した居住者間のコミュニティ形成に要する費用」を管理費から支出することが可能になりました。

しかしながら、「地域コミュニティに配慮した居住者間のコミュニティ形成に要する費用」の定義が曖昧であることから費用の使い道においてトラブルになり裁判で争う事案が多くなりました。コミュニティ形成という言葉が一人歩きをして、理事会が終わった後に管理組合役員が飲み会を行いその費用を管理費から支出することや、管理組合で主催するクリスマスパーティーやハロウィン、新年会もマンション外部に居住している組合員もいて全部の組合員が参加していないのにその費用を全額管理組合から支出することが問題になりました。

また、組合員から強制徴収している管理費を加入が任意である親睦団体の自治会費に支出することも議論されました。

本来の管理組合の業務であるマンションの共用部分の維持管理とは違う目的で支出されていることが問題になったのです。

こうしたことから、２０１６年３月に標準管理規約が改正されてコミュニティ条項が削除されました。

マンション管理を蝕む課題

国土交通省ホームページから

○高齢化、賃貸化 ⇒ 役員就任の忌避 ⇒ 特定の高齢者への負担など管理形骸化

高齢化

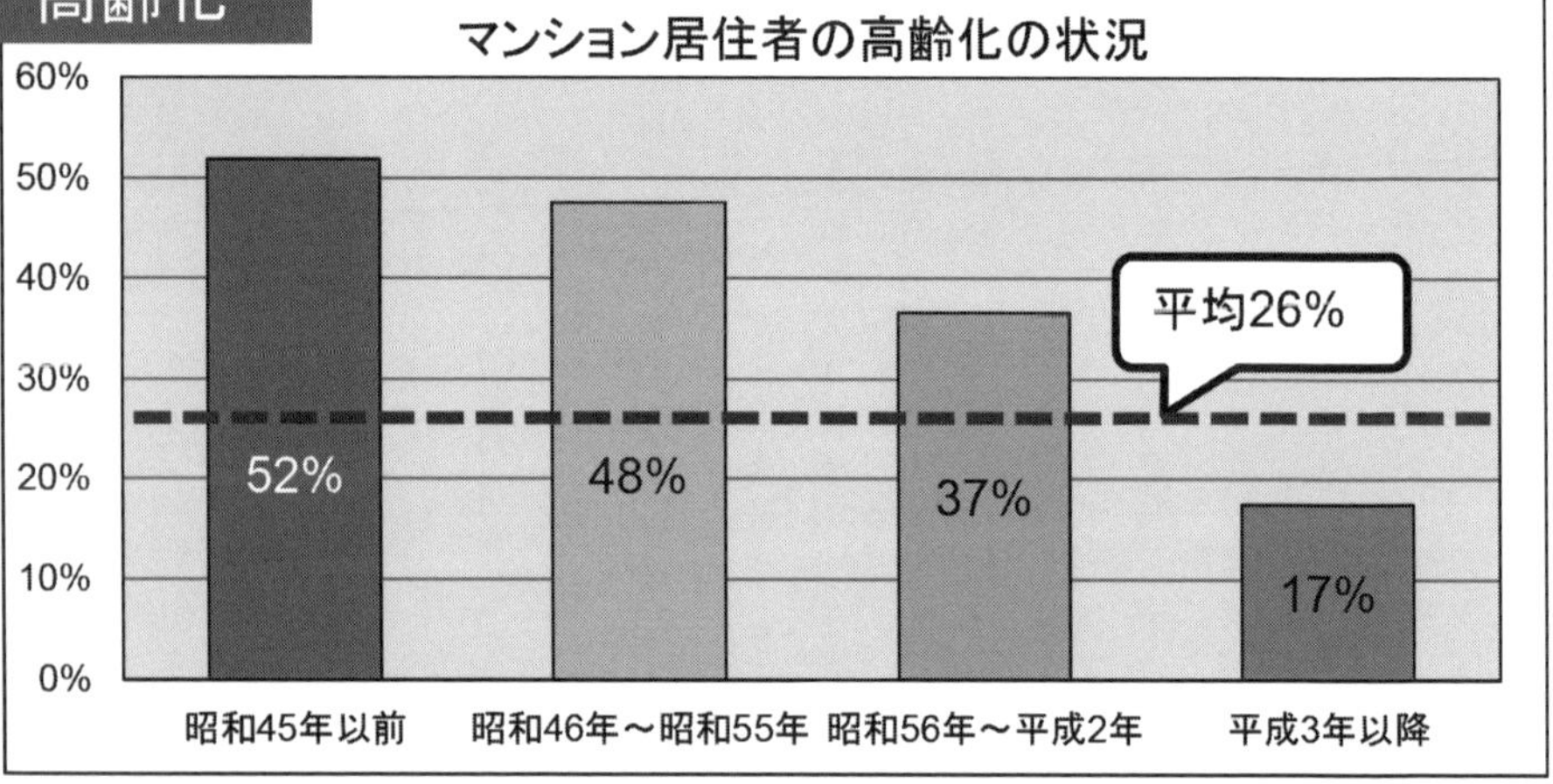

※昭和45年以前建設のマンションでは、「60歳以上のみ」の世帯の割合が過半数。
※平成25年度住宅・土地統計調査より国土交通省再集計

賃貸化

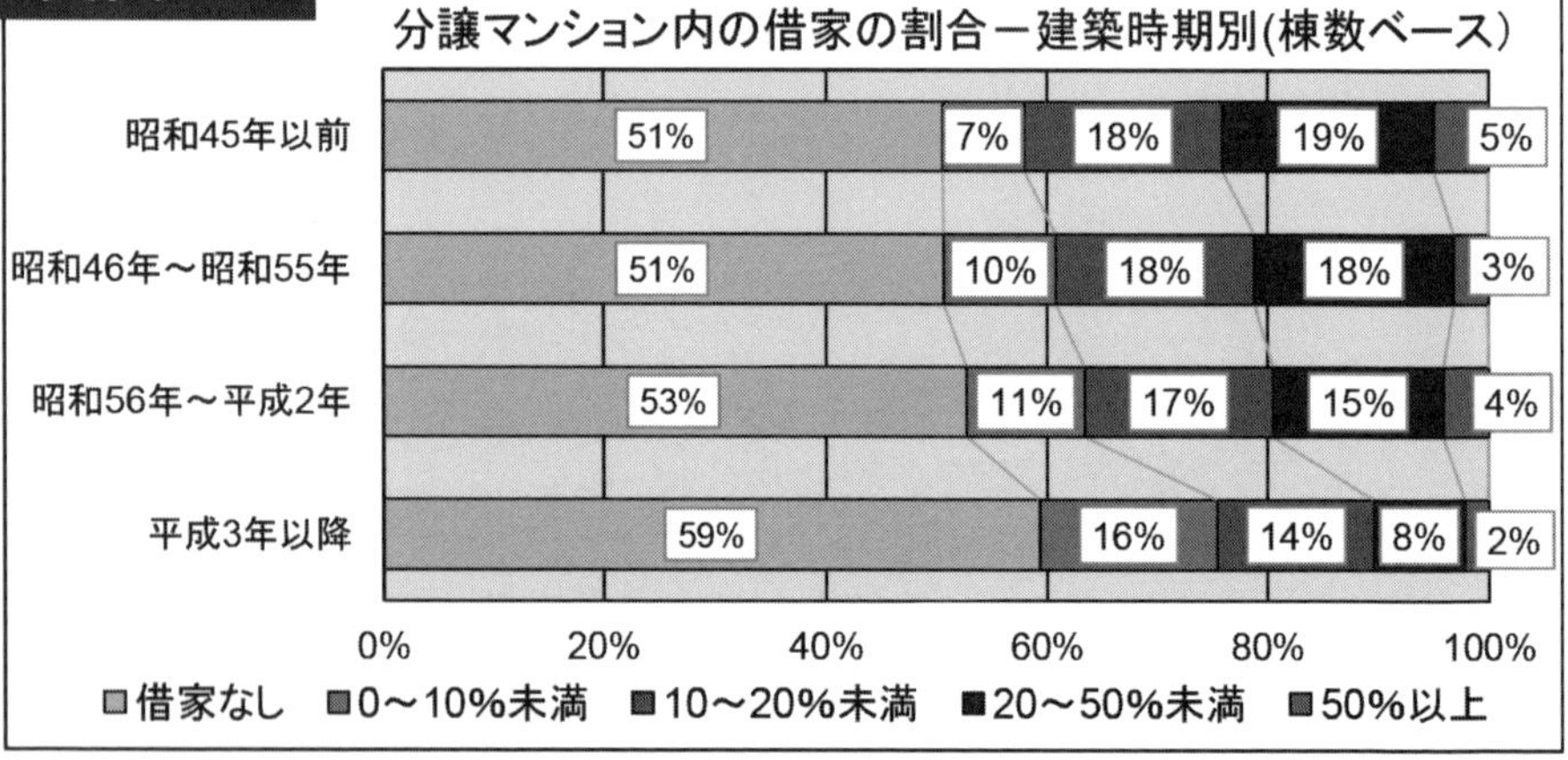

※建築時期が古いほど賃貸化率が増加
※平成25年度住宅・土地統計調査より国土交通省再集計

管理組合の役員就任を引き受けない理由（重複回答）N=62

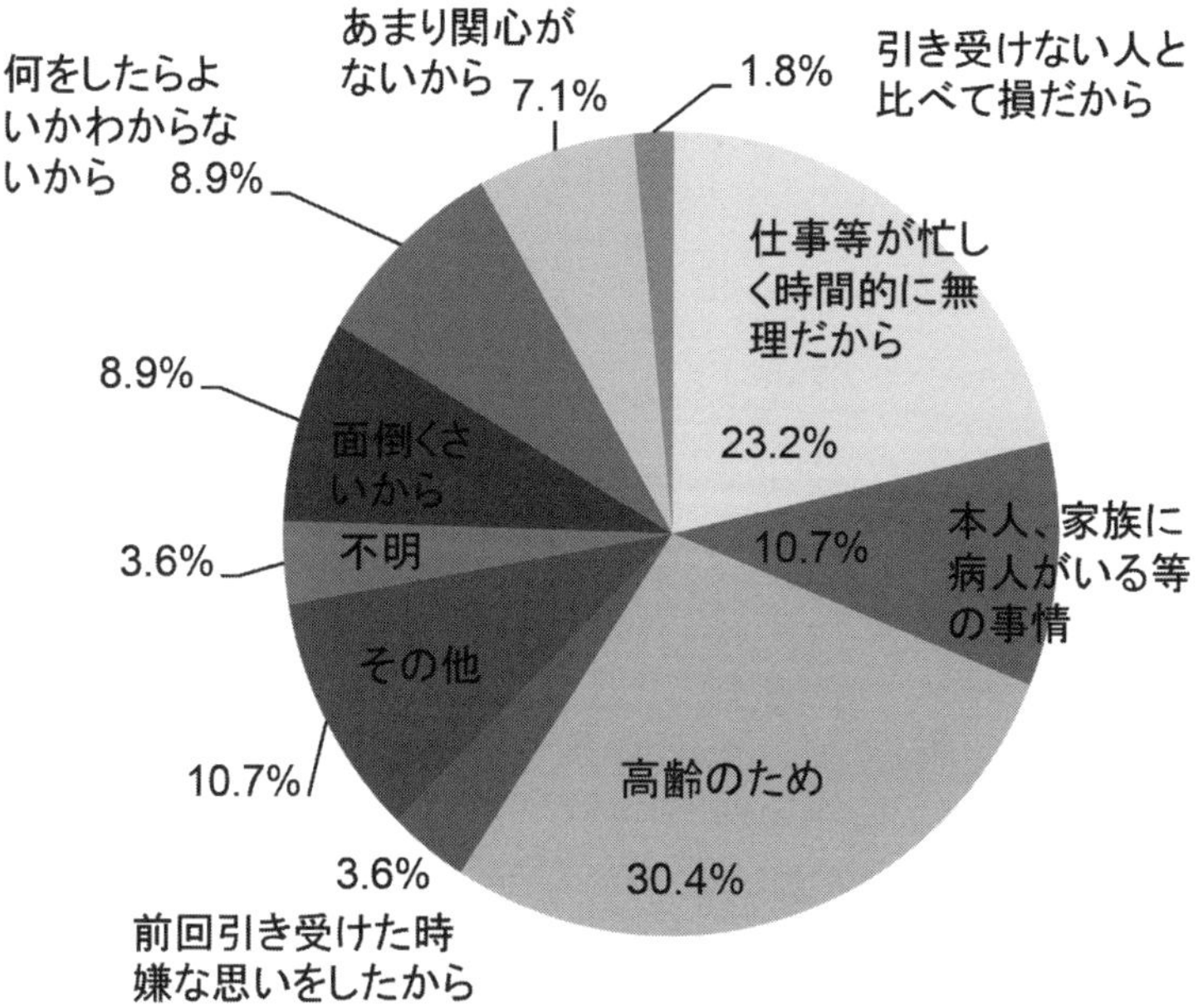

（出典：平成25年度マンション総合調査より）

※管理組合の役員就任を引き受けない理由としては、
①高齢のため（30.4%）
②仕事等が忙しいから（23.2%）
③本人、家族に病人がいる等の事情（10.7%）
等が主な理由となっている。

建築時期別ストック数

国土交通省ホームページから

○築40年超のマンションは現在81.4万戸であり、ストック総数に占める割合は約1割。
○10年後には約2.4倍の197.8万戸、 20年後には約4.5倍の366.8万戸となる見込み。

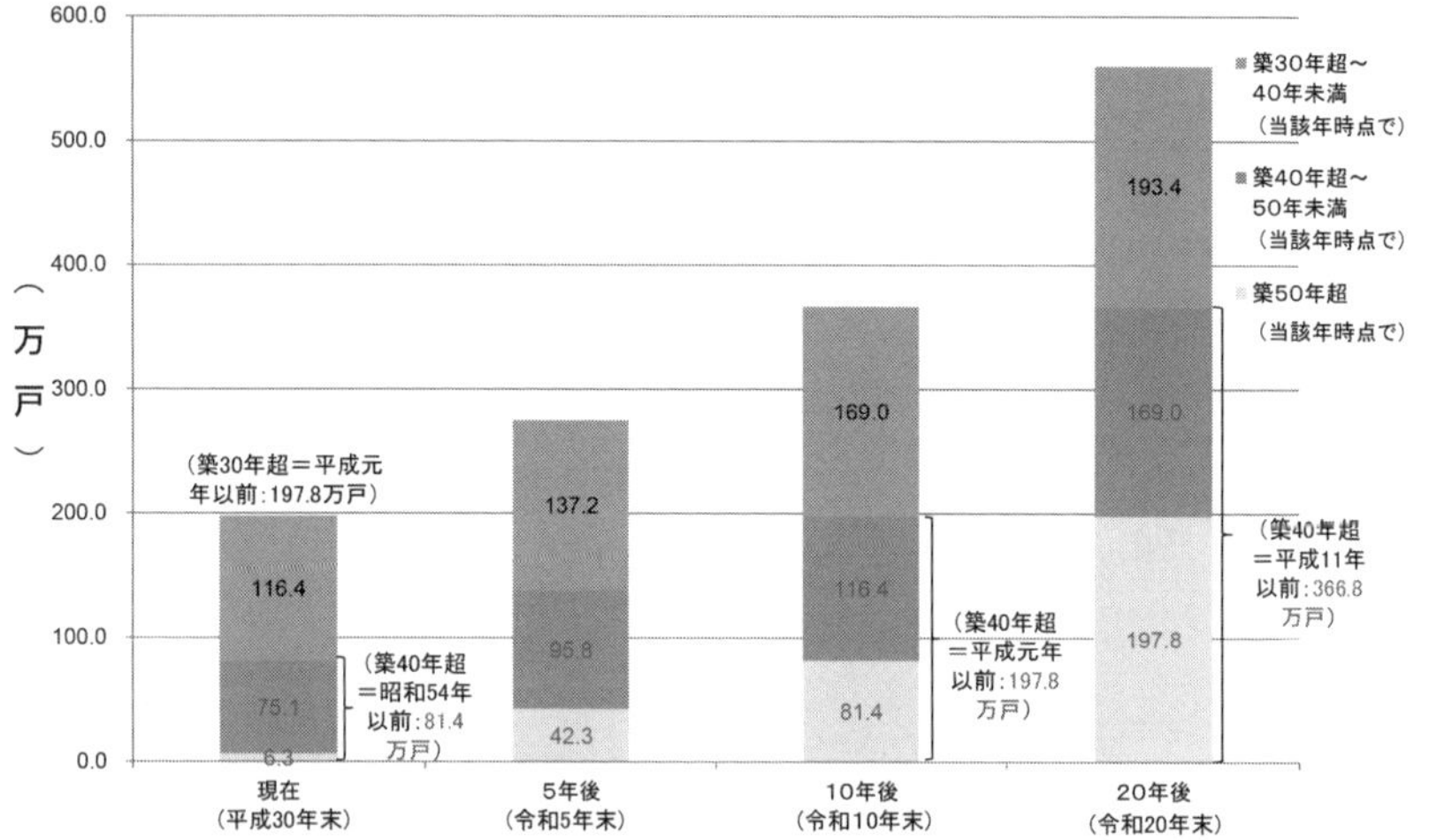

※現在の築50年超の分譲マンションの戸数は、国土交通省が把握している築50年超の公団・公社住宅の戸数を基に推計した戸数。
※5年後、10年後、20年後に築30、40、50年超となるマンションの戸数は、建築着工統計等を基に推計した平成30年末のストック分布を基に、10年後、20年後に築30、40、50年を超える戸数を推計したもの。

建築時期別空き家率

国土交通省ホームページから

■建設年代別分譲マンションの空き家発生状況

○ 建築時期が古いものほど空き家率が高い(H3~12年:5.5% ⇒ ~S46年:11.1%、他)
○ 経年とともに空き家率が上昇する傾向

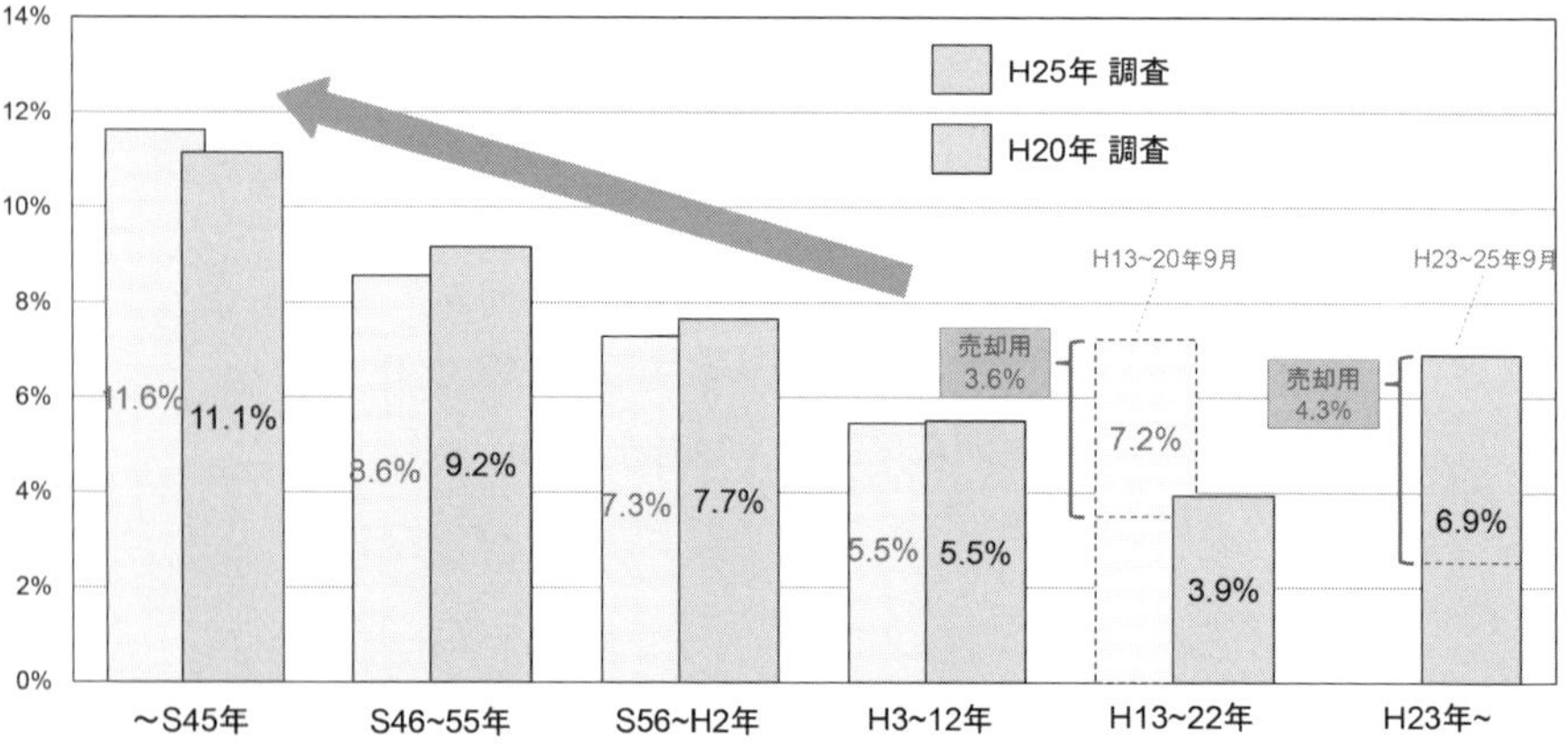

注)1. 本グラフの数値は、住宅・土地統計調査の個票データのうち分譲マンションとして供給されたと考えられる集合住宅に関するものを特別集計したものである。
2. 建て方が共同住宅、構造が鉄骨・鉄筋コンクリート造及び鉄骨造、階数が3階建て以上、住棟内に持ち家が2戸以上あるものを分譲マンションと判定。
3.空き家は、「居住世帯のない住宅」のうち、「一時現在者のみの住宅」と「建築中の住宅」を除いた住宅。
4. 住宅・土地統計調査において、「建築の時期」は「居住世帯のある住宅」の調査項目である。ただし、マンション(共同住宅)の空き家の場合、他に「居住世帯のある住宅」から「建築の時期」を把握することが可能である。なお、「居住世帯のある住宅」においても「建築の時期」が不明の場合、建築年不詳として集計している。

改正された標準管理規約第32条

関係コメント⑧

⑧ 従来、第十五号に定める管理組合の業務として、「地域コミュニティにも配慮した居住者間のコミュニティ形成」が掲げられていたが、「コミュニティ」という用語の概念のあいまいさから拡大解釈の懸念があり、とりわけ、管理組合と自治会、町内会等とを混同することにより、自治会的な活動への管理費の支出をめぐる意見対立やトラブル等が生じている実態も あった。一方、管理組合による従来の活動の中でいわゆるコミュニティ活動と称して行われていたもののうち、例えば、マンションやその周辺における美化や清掃、景観形成、防災・防犯活動、生活ルールの調整等で、そ の経費に見合ったマンションの資産価値の向上がもたらされる活動は、それが区分所有法第3条に定める管理組合の目的である「建物並びにその敷 地及び附属施設の管理」の範囲内で行われる限りにおいて可能である。なお、これに該当しない活動であっても、管理組合の役員等である者が個人の資格で参画することは可能である。以上を明確にするため、区分所有法第3条を引用し、第32条本文に「建物並びにその敷地及び附属施設の管理のため」を加え、第十五号を削 除し、併せて、周辺と一体となって行われる各業務を再整理することとし、従来第十二号に掲げていた「風紀、秩序及び安全の維持に関する業務」、従来第十三号に掲げていた「防災に関する業務」及び「居住環境の維持及び向上に関する業務」を、新たに第十二号において「マンション及び周辺 の風

紀、秩序及び安全の維持、防災並びに居住環境の維持及び向上に関する業務」と規定することとした。なお、改正の趣旨等の詳細については、第27条関係②～④を参照のこと。

こうしたことから築年数の経過した高齢者の一人暮らしの多いマンションでは、マンションの実情を理解している自治会やマンションの方々が主体となった見守り活動を展開しているマンションも多くあります。

居住者に高齢者が多いマンションでは、その地域の行政機関「地域包括センター」を核とする地域見守りネットワーク構築が必要だと思料します。

真夏にエアコンをきかせたマンションの集会室を高齢の居住者に無料で開放して大画面テレビで高校野球観戦をしたり、１９６０年～１９７０年代の映画のＤＶＤで映画観賞会を開催して熱中症対策に取り組んでいるマンションもあります。

また、高齢者と子供の交流に積極的に取り組んでいるマンションもあります。高齢者と子供が交流することで、子供は礼儀作法や歴史を学び高齢者は、新しい役割ができて生きる張りを持つことができるからです。

工夫次第でお金をかけないコミュニティ形成をはかることが可能です。

その基本となるのが、住民同士の挨拶であり、マンション管理組合で「挨拶運動」を積極的に取り組むことが必要です。そこから顔見知りになり助け合いの精神が育まれます。

マンション居住の状況

国土交通省平成 30 年度マンション総合調査

1．マンション居住の状況

(1)世帯主の年齢

平成25年度と平成30年度を比較すると、70歳代以上の割合が増加する一方、30歳代以下の割合が減少している。平成11年度から平成30年度の変化をみると、60歳代、70歳代以上の割合が増加、50歳代以下の割合が減少しており、居住者の高齢化の進展がうかがわれる。

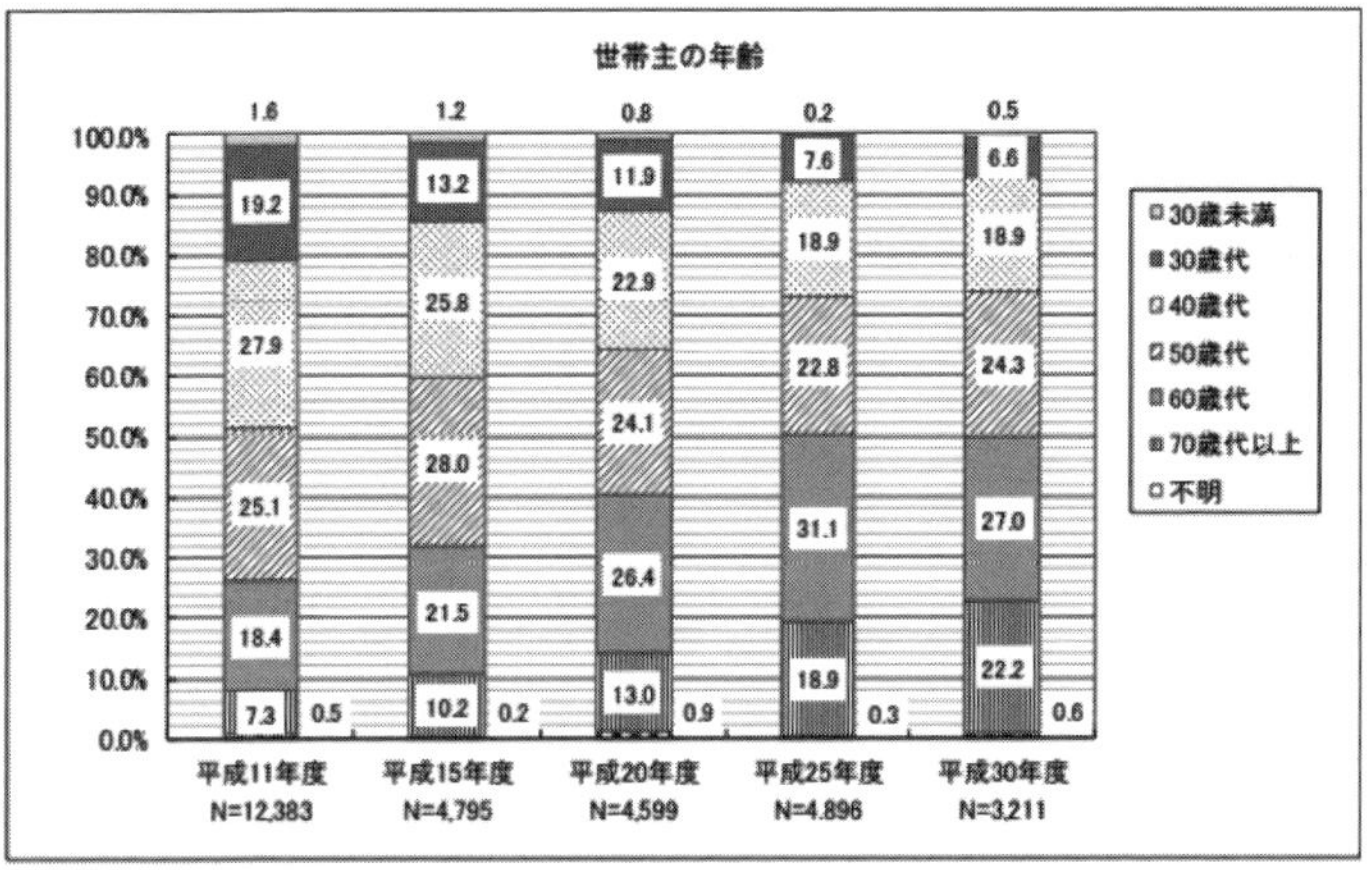

平成30年度における完成年次別内訳をみると、完成年次が古いマンションほど70歳代以上の割合が高くなっており、昭和54年以前のマンションにおける70歳代以上の割合は47．2%となっている。

30 年度マンション総合調査世帯主の年齢

国土交通省平成 30 年度マンション総合調査

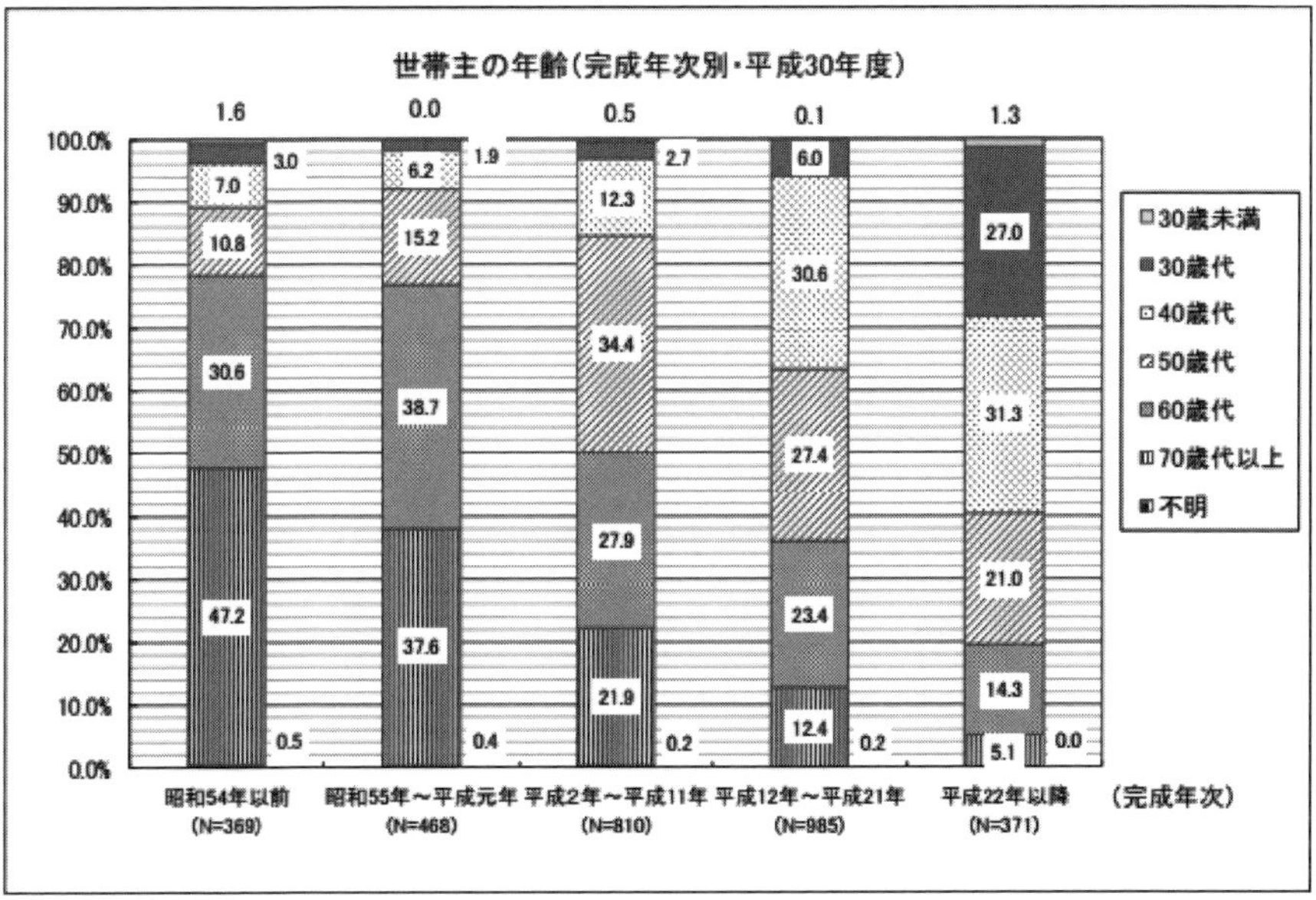

築年数の経過したマンションの賃貸戸数の増加

分譲マンションの賃貸住戸のあるマンションの割合は74・7％（前回調査より＋3・1％）となったことが発表されました。築年数が経過した古いマンションほど賃貸住戸のあるマンションの割合が高くなる傾向が見られることが報告されています。

築年数が経過した古い分譲マンションで賃貸戸数が高くなっている背景としては、年金の問題があるといわれています。

昨今、年金機構の不祥事などが相次いで発生して、年金制度が破綻して年金が将来もらえない、もらえてもほんの少しで生活ができないとテレビのワイドショー、新聞、週刊誌等が報道して不安をあおっています。少子高齢化で年金を支払う人より年金をもらう人の方が多いので年金制度は破綻するに決まっていると専門家を名乗る方が伝えている光景をよく耳にします。

従来は、マンションを買い替える場合には、現在住んでいるマンションを売って買い替えるのが一般的でした。ところが、年金が出ないかもしれない、出ても少なくて生活できないかもしれないという不安から、現在住んでいるマンションは売却しないでとりあえず賃貸に出して事業用の資産としてその家賃収入で不足する年金を補填して、新しく購入するマンションに自分たちが住むというようなマンション買い替えのスタイルが変化したからだといわれています。

マンション居住の状況

出典：国土交通省

平成25年度と平成30年度を比較すると、賃貸住戸のあるマンションの割合は減少しており、74.
7%となっている。そのうち、戸数割合が0%超～20%のマンションの割合は57．6%、20%超のマンションの割合は17．1%となっており、いずれも減少している。

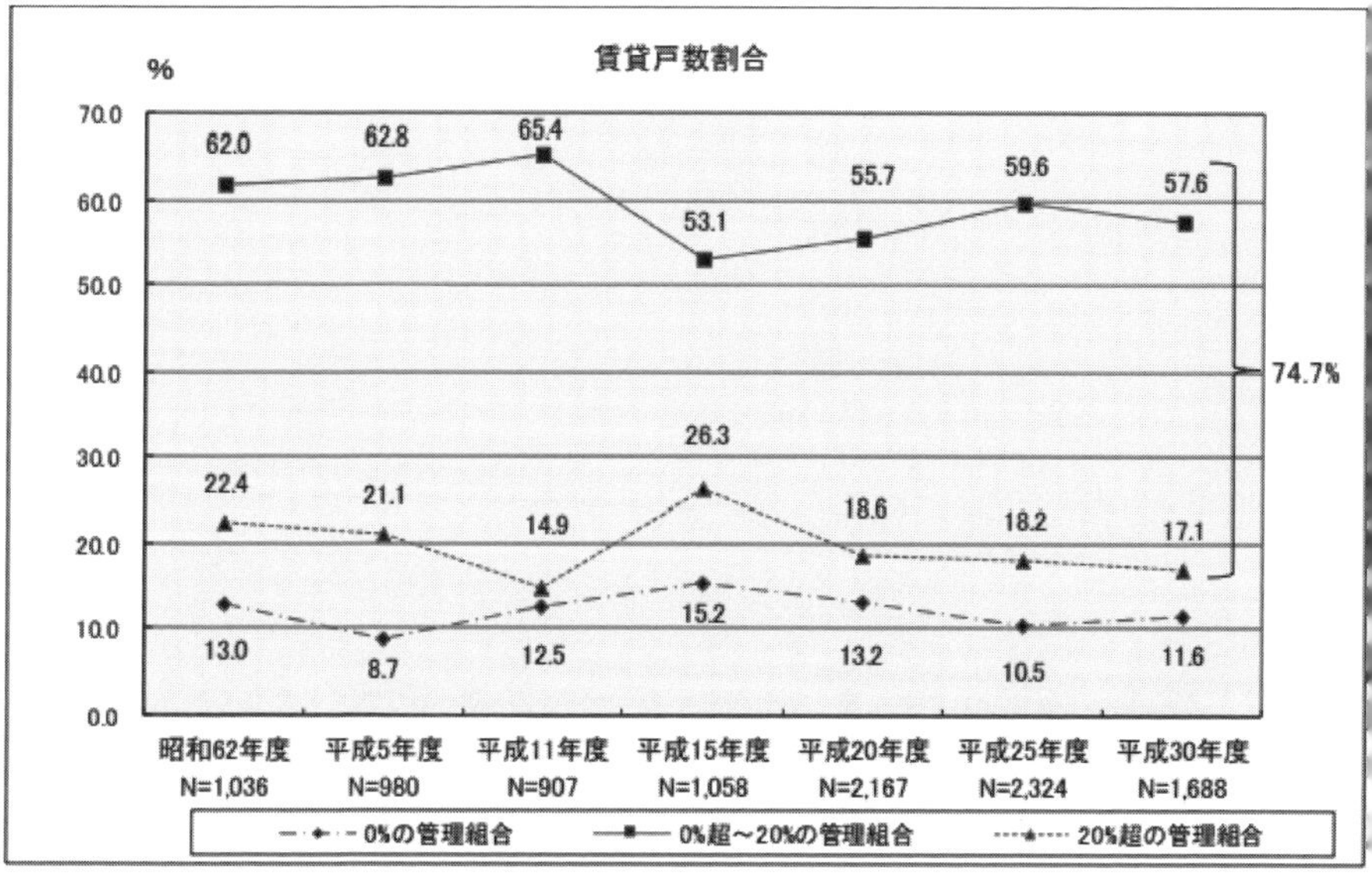

平成30年度における完成年次別内訳をみると、完成年次が古いマンションほど賃貸戸数割合が20%超のマンションの割合が高くなる傾向がある。

マンションの賃貸化の状況

出典：国土交通省

区分所有者自らが居住せず第三者に賃貸する割合が、古いマンションでは増加。

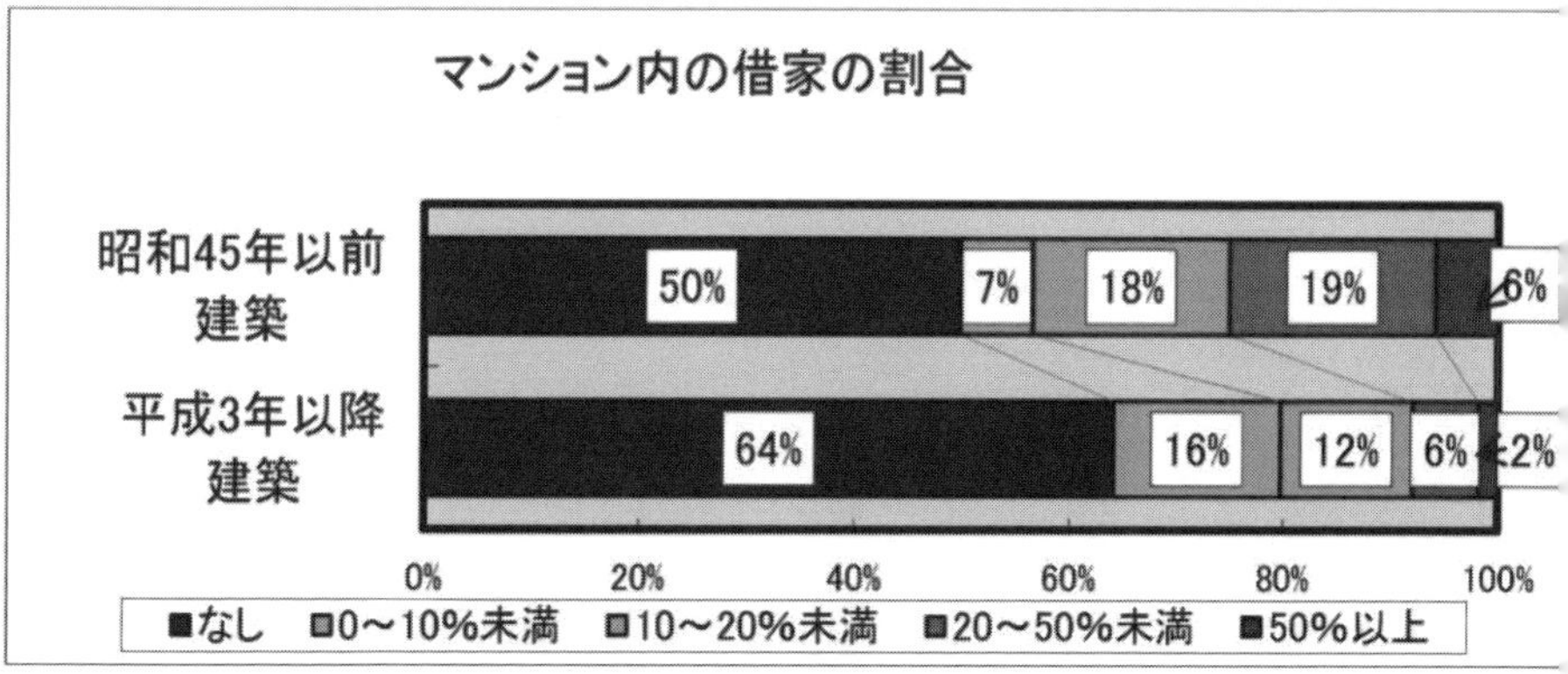

管理計画認定制度の創設

深刻な「マンションの老いるショック」に伴い、建物の老朽化を抑制し、周辺への危害等を防止するための、維持管理の適正化や老朽化が進み維持修繕等が困難な、マンションの再生に向けた取組の強化を目的に、令和2年2月28日に「マンション管理適正化法・マンション建替え円滑化法」改正案が閣議決定され国会に提出されました。

各市区や都道府県などの自治体にマンション管理適正化の推進を図るための策定計画を促す「マンション管理適正化推進計画制度」ができました。

計画を策定した地区では「管理計画認定制度」を実施してその地区内の管理組合は各自のマンションの「管理計画」を作成でき、国が作成する基準を満たせば都道府県知事の認定を受けられます。

これは、地方自治体にマンション管理に対する積極的な関与を促す画期的な新制度です。

この制度では、管理組合が設立されていない、管理規約がない、総会が開催されていない、議事録がない、長期修繕計画がない、大規模修繕工事が実施されていない、修繕積立金が不足しているなどをチェックし評価してのいわゆる「管理不全マンション」を放置されないようにするのです。

地方自治体が資金計画や管理組合運営の状況を評価、判定して改善の必要があると判断した場合には、各自治体が管理組合に助言・指導を行います。必要であれば各自治体がマンション管理士などの専門家を派遣します。

国が作成する基準を満たしているマンションは都道府県知事の認定を受けられて管理が

良好なマンションとして国のお墨付きがもらえるわけです。

国は「管理計画認定制度」を2022年までに施行する方針です。

また、南海トラフ巨大地震や首都直下型地震等の巨大地震の発生のおそれがある中、耐震性が不足しているマンションについて除却の必要性に係る認定制度、「要除却認定」の対象の範囲が今までは耐震性が不足しているマンションだけでしたが「マンション建替え円滑化法」の改正案では、耐震性の不足に加え外壁の剥落などにより危害を生ずるおそれがあるマンション等やバリアフリー性能が確保されていないマンション等も追加されました。加えて、要除却認定を受けた老朽化マンションを含む団地において、敷地共有者の4／5以上の同意によりマンション敷地の分割が可能となります。

このような要件を満たしているマンションは、マンション建替円滑化法に基づくマンション敷地売却事業の認定や容積率の緩和特例許可を申請できるほか、各自治体から除却へ向けた指導・助言を受ける対象となります。

要除却認定を受けることで、自治体から指導や助言を受けられるほか、色々と支援を受けられます。

今まではマンションの敷地を売却することは、全員の合意が必要でしたが要除却認定を受けることで、マンションの建替えと同じように4／5の賛成があれば可能になります。

また、要除却認定を受けることで、建替えの際に容積率の緩和の特例措置が受けられるので今より大きなマンションを建設できて戸数なども増えて、増えた戸数を販売することもできるので建替え費用が安くなることも期待できます。

この制度により、耐震性の不十分なマンションの建替えや除却がスムースに進むことが望まれます。

<table>
<tr><th colspan="2">法案の概要</th></tr>
<tr><th>マンション管理適正化法の改正</th><th>マンション建替円滑化法の改正</th></tr>
<tr><th>マンション管理の適正化の推進</th><th>マンションの再生の円滑化の推進</th></tr>
<tr><td>国による基本方針の策定
国土交通大臣は、
マンション適正化の指針を
図るための基本的な方針を策定</td><td rowspan="2">除却の必要性に係る認定対象に、現行の耐震性不足のものに加え、以下を追加

1. 外壁の剥落などにより危害を生ずる恐れがあるマンション等
・4/5 以上の同意によりマンション敷地売却を可能に
・建替時の容積率の特例
2. バリアフリー性能が確保されていないマンション等
・建替時の容積率の特例

団地における敷地分割制度の創設
上記の除去認定を受けた老朽化マンションを含む団地において、敷地共有者の４／５以上の同意によりマンション敷地の分割を可能とする制度を創設
・敷地分割制度により要除去認定マンション売却・建替えを円滑化する</td></tr>
<tr><td>地方公共団体による
マンション管理適正化の推進
地方公共団体による
以下の措置を講じる

＊マンション管理適正化推進制度
基本方針に基づき、管理の適正化の推進を図るため施策に関する事項等を定める計画案を策定

＊管理適正化のための指導・助言等
管理の適正のために、必要に応じて管理組合に対して指導・助言等を行う

＊管理計画認定制度
適切な管理計画を有するマンションを認定</td></tr>
</table>

役員のなり手が
いない問題

組合員の高齢化と賃貸戸数の増加で、役員のなり手がいないという問題がどこのマンションでも深刻です。

高齢化といっても、最近の高齢者はお元気な方が多く、管理組合の理事会の役員の職責くらいは平気でこなすことは可能です。しかしながら、ご家族も高齢になっていることからご家族の中に介護が必要な方がおられるご家庭も多く、管理組合運営より介護の方が大切という理由で役員を辞退なさる方が増えているのも現状です。

また、賃貸戸数の増加で役員資格がない組合員が増えました。それは、以前のマンション標準管理規約には、役員（理事、監事）の資格に「理事及び監事は、（○○マンションに）現に居住する組合員のうちから、総会で選任する」との規定がありマンションを賃貸に出すと現に居住していないことになり役員になりたくてもなれなくなってしまったのです。現在でもその規約を採用しているマンションは多くあります。

そこで、標準管理規約が平成23年に改正されて「理事及び監事は、組合員のうちから、総会で選任する。」と改められました。ところが実務では、毎月や隔月に開催される理事会に遠くから電車に乗ったり、バスに乗ったり、車に乗ったりして出席することは外部に住んでいる役員にとっては負担が大きくやはり辞退する方が多くなりました。

役員のなり手不足は大きな社会問題です。

これを、解消するには、役員資格を緩和して「理事及び監事は、○○マンションに現に居住する組合員および、組合員の二親等以内の親族、配偶者のうちから、総会で選任する。」

と規約を改正することで役員のなり手不足を解消しているマンションもあります。

最近では、事実婚の内縁関係の方と一緒にお住いの組合員も多いことから「理事及び監事は、○○マンションに現に居住する組合員の家族のうちから、総会で選任する。」と規約を改正しているマンションもあります。

それでも、役員のなり手がいない場合には、専門家を活用することも一つの方法です。

役員資格の範囲を広げる

役員資格の範囲を広げることについては、管理規約を改正して居住組合員以外の者を役員にするためには「現に居住する」要件と「組合員」の要件を見直すことが必要です。マンション標準管理規約（以下「標準管理規約」という。）では、管理組合が建物、敷地の管理を行うために区分所有者で構成される団体であることを踏まえ、役員の資格要件を区分所有者にしていますが、それぞれのマンションの実態に応じて資格要件を緩和することは可能です。国土交通省の平成30年度マンション総合調査によると、管理規約において選任できる役員範囲は、全体では、「居住の組合員」が97・1％、「居住組合員の同居親族」が25・0％、「居住していない組合員」が21・4％、「賃借人」が3・0％となっています。（重複回答）

完成年次別では、完成年次が古くなるほど「居住していない組合員」の割合が高くなる傾向にあります。総戸数規模別では、総戸数規模が大きくなるほど「居住組合員の同居親族」の割合が高くなる傾向にあります。

形態別では、単棟型と団地型を比較すると、

「居住組合員の同居親族」の割合は、単棟型が22・4％、団地型が38・2％で、団地型の割合が高く、「居住していない組合員」の割合は、単棟型が22・7％、団地型が15・8％で、単棟型の割合が高くなっています。

役員が欠員した場合は、「管理者は、規約に別段の定めがない限り集会で選任する」と区分所有法第25条で規定されていますが、その他の理事、監事の選任方法は特に定めていません。規約で定められた人数が不足した場合は、役員は補充しなければなりません。本来は、総会を開いて役員を選出するべきでしょうが、標準管理規約コメント第36条関係③では、役員が転出、死亡その他の事情により任期途中で欠けた場合、補欠の役員を理事会で選任することができると規約に規定することもできるとしています。それを規約に規定することで、補欠役員選任のための臨時総会開催という事態は回避できます。なお、役員の辞任に関し、役員と各組合員（ないしは管理組合）とは委任関係にあると解され民法の規定により辞任できると考えられています。しかし、一方的な辞任は、管理組合の業務が停止してしまうこともありますので、辞任により退任する役員も後任の理事又は監事が就任するまでの間は引き続きその職務を行うことになるので注意が必要です。

専門家の活用

平成16年1月に改正された標準管理規約第34条に、専門的知識を有する者の活用についての規定が設けられました。

（専門的知識を有する者の活用）
第34条　管理組合は、マンション管理士（適正化法第2条第五号の「マンション管理士」をいう。）その他マンション管理に関する各分野の専門的知識を有する者に対し、管理組合の運営その他マンションの管理に関し、相談したり、助言、指導その他の援助を求めたりすることができる。

そして、平成28年3月に改正された標準管理規約第35条では役員のなり手がいない場合に外部専門家を役員として選任できることの規定も設けることができることになりました。

外部専門家を役員として選任できることとする場合

2 理事及び監事は、総会で選任する。

3 理事長、副理事長及び会計担当理事は、理事のうちから、理事会で選任する。

4 組合員以外の者から理事又は監事を選任する場合の選任方法については細則で定める。

しかしながら、区分所有者でもない者が専門家として理事会の役員として就任した場合には、利益相反行為を行うことが懸念されます。例えば、マンションの駐輪場を改造する工事を行うときに、大規模修繕工事を理事長が代表取締役に就任している会社に工事の発注をしたり、給・排水管の更新工事を行う時に理事長の娘婿が経営する設備工事会社に発注したりすると工事の内容が値段に相応でない不適切なものになることが考えられます。

そのために、平成28年3月に改正された標準管理規約第37条の2に利益相反取引の防止の規定が新たに設けられました。

※利益相反行為とは、管理組合の利益を図るべき立場にありながら、自己の利益を図る行為で業者からリベート（バックマージン）をもらうケースもこれにあたります。

（利益相反取引の防止）

第37条の2役員は、次に掲げる場合には、理事会において、当該取引につき重要な事実を開示し、その承認を受けなければならない。

一　役員が自己又は第三者のために管理組合と取引をしようとするとき。

二　管理組合が役員以外の者との間において管理組合と当該役員との利益が相反する取引をしようとするとき。

この規定について標準管理規約第37条の2関係のコメントでは次の記載があります。

第37条の2関係コメント

役員は、マンションの資産価値の保全に努めなければならず、管理組合の 利益を犠牲にして自己又は第三者の利益を図ることがあってはならない。

とりわけ、外部の専門家の役員就任を可能とする選択肢を設けたことに伴い、このようなおそれのある取引に対する規制の必要性が高くなっている。

そこで、役員が、利益相反取引（直接取引又は間接取引）を行おうとする場合には、理事会で当該取引につき重要な事実を開示し、承認を受けなければならないことを定めるものである。なお、同様の趣旨により、理事会の決議に特別の利害関係を有する理事は、その議決に加わることができない旨を規定する（第53条第3項）とともに、管理組合と理事長との利益が相反する事項については、監事又は当該理事以外の理事が管理組合を代表する旨を規定する（第38条第6項）こととしている。

専門家（マンション管理士）の活用状況

国土交通省の平成30年度マンション総合調査では、専門家を活用しているマンションは41・8％であり、活用した専門家は、建築士が15・6％と最も多く、次いで弁護士が15・2％、マンション管理士が13・0％となっています。

建築士、弁護士に比べるとマンション管理士を専門家として活用しているマンションの割合は低い数字になっております。

マンション管理士の国家資格で合格率は7～9％台を推移していて、難関な国家資格といわれています。

マンション管理士の資格は分譲マンションが増えとりわけ築年数が経過した古いマンションが増加したことや、マンションでの永住意識が高まる一方で、管理組合活動への無関心化とともに居住者の高齢化が進んでいる中で、役員のなり手不足が課題となっており、専門家による支援がより重要になってきました。マンションの適切な管理を行うには、管理組合の円滑な運営や大規模修繕工事の適切な実施などが必要不可欠です。このため、マンションの管理の専門家であるマンション管理士という国家資格が2001年に創設されました。

マンション管理士という資格は、マンション管理組合へのコンサルタント業務がメインになります。継続的に支援する管理組合の顧問となりその顧問料が収入になります。

管理組合の理事会ではなかなか判断できない高度な専門知識が必要です。

しかしながら、マンション管理士を生業にしているマンション管理士は少ないようです。

全国で国土交通省に登録しているマンション管理士は、2018年3月現在　約24000人といわれています。

我が国のマンション管理士の全国組織である「日本マンション管理士会連合会」のホームページでは、構成員（マンション管理士）は約1600名となっています。割合にすると6・6％です。

日本マンション管理士会連合会の構成員以外の約2万人のマンション管理士はどこに所属しているのでしょうか。

2018年6月に国土交通大臣指定「公益財団法人　マンション管理センター」から、マンション管理士の業務の実態調査のアンケート調査結果の概要が発表されました。回答者の年齢は、「60歳〜69歳」の年齢割合が最も高く34・3％、次いで「50歳〜59歳」が27・1％となっています。

マンション管理士の資格を取得した理由は、

① 職場の業務に活かすため

② 就職・転職に活かすため

③ 職場で資格取得の奨励があったため

という結果で、現在又は将来の仕事に活かすことを目的とした者が最も多くなっています。

マンション管理士の資格は、国家資格なのでマンション管理会社をはじめ不動産関係の会社、デベロッパー関係、建設会社などの就職、転職の際に有利になるといわれており多くのマンション管理士はマンション管理会社などの「社内マンション管理士」として従事しております。

回答者の職業は、「会社員」と回答した者が多く、特に、マンション管理業や不動産業に従事する会社員が34・6％となっています。「マンション管理士として就業」と回答した者は4・6％でした。

居住する分譲マンションでの役員等就任経験に関しては、約8割の回答者が居住しているマンションでの役員等就任を経験しており、うち理事長経験者も37・3％という結果でありました。

マンション管理士としての現在の活動状況のアンケートでは「マンション管理士としての活動を行っている」又は「以前活動を行っていた」と回答した者の割合は21・5％でした。一方、「活動を行ったことがない」と回答した者が75・8％を占めています。

マンション管理士としての現在の活動状況については「マンション管理士としての活動を行っている」又は「以前活動を行っていた」と回答した者の割合は21・5％でありマンション管理士の業務を本業として活動を行っていると回答した者はわずか5・4％でした。一方、「活動を行ったことがない」と回答した者が75・8％を占めています。

マンション管理士として本業又は副業として業務を行っている者の属性は、回答者の年齢は、「60～69歳」の割合が最も高く40・3％であり、次いで「70～79歳」が28・8％となっている一方、60歳未満も27％となっています。高齢者の割合が多いことがわかります。

マンション管理士の業務の具体的内容としては、管理組合から依頼を受けて行う「規約の制定・変更等に係る業務」「顧問業務」「大規模修繕工事の関係業務」等が多いようです。また、行政等の依頼により行われる「相談会等」での「相談業務」についても、約75％と高い割合を示しています。

気になる、マンション管理士としての業務に伴う過去1年間の年間売上高の調査では、マンション管理士を本業として活動を行っている者について、マンション管理士としての業務に伴う過去1年間の年間売上高は、400万円以上が18・8％、100万円以上400万円未満が30・4％、100万円未満が37・3％となっています。

マンション管理士として活動する事務所についての調査では、事務所の形態については、個人事務所が77・1％、会社組織、NPO法人、一般社団法人・一般財団法人といった組織で活動するマンション管理士は21・6％となっています。

事務所に所属するマンション管理士の人数は、1人（本人のみ）が75・8％、11人以上という回答が4・4％となっています。

個人事務所では所属するマンション管理士が1人（本人のみ）の事務所が86・3％となっている一方、会社組織、NPO法人、一般社団法人・一般財団法人が運営するマンション管理士事務所では所属するマンション管理士が11人以上の事務所が18・4％となっています。

個人事務所では事務所のマンション管理士以外の人数が0人の事務所が58・9％となっている一方、会社組織等が運営するマンション管理士事務所では事務所のマンション管理士以外の人数が11人以上の事務所が10・5％となっています。

前述のように、マンション管理士という資格は、マンション管理組合へのコンサルタント業務がメインですが、マンション管理組合へのコンサルタント業務はマンション管理士の資格を持っていなくてもその行為を行うことができます。マンション管理士の資格は名称独占の資格だからです。

理学療法士や介護福祉士、調理師なども名称独占資格でこれにあたります。

資格を持っている人だけが、その名称を名乗ることができる資格です。

まぎらわしい名称を用いることも禁止されています。

ところが建築士の資格はたとえどんなに技術が優れていても、免許がなければそれをしてはいけません。建築士法第三条で（建築基準法第85条第1項又は第2項に規定する応急仮設建築物を除く。）建築物を新築する場合においては、1級建築士でなければ、その設計又は工事監理をしてはならないという規定の下特定の事業を行う際に、法律で設置することが義務付けられている資格です。

これが業務独占資格で弁護士、医師などの資格も同様です。業務独占資格は、無資格で業務を行うと処罰があります。

同じ国家資格でも、名称独占資格は、無資格で名称を名乗ると処罰があり無資格で業務を行っても処罰はありません。ここが業務独占資格と名称独占資格との大きな違いとなっています。

マンション管理士の活用は、標準管理規約

などで明記されていますが、四択の試験に合格して登録すればマンション管理士と名乗れるので実務経験や実績のないマンション管理士も多いのが実情です。

「行政から管理組合の理事会にマンション管理士が2名派遣されてきたが、経験もなく知識も浅い。あれで本当に管理会社と対峙できるのか。」

また、マンション管理のことで、本当に困って、ネットで色々調べたがわからないことが多かったので、マンション管理士に相談したいが、「マンション管理士の回答はネットに書いてある内容と同じで、とても専門家のアドバイスとは言えないものだった」というご意見をよく耳にします。

実際に、名刺の肩書やインターネットのホームページは立派ですが、マンションに住んだことがない、またマンション管理組合の役員になったこともなくマンション管理組合の理事会に1回も出席したことがないというマンション管理士さんが多くいることも事実です。

管理組合が専門家としてマンション管理士を選定する場合には

費用対効果：かけた費用に対して返ってくる効果はどのくらいあるのか

利益相反行為：管理組合の利益を図るべき立場にありながら、自己の利益を図る行為をしていないか

専門家としての能力：マンション管理会社、デベロッパー等で実務経験はあるのかなど管理組合運営に携わった経験や実績に基づいて判断することが肝要です。

利益相反行為をしないことの誓約書などの提出を義務付けることも必要です。

マンション管理士資格の取得状況

出典：マンション管理センター

2-2 アンケート調査結果（マンション管理士資格の取得状況等）

（1） マンション管理士資格を取得した理由（複数回答）

◆マンション管理士資格を取得した理由は、「①職場の業務に活かすため」「②就職・転職に活かすため」「③職場で資格取得の奨励があったため」のいずれかを選択し、現在又は将来の仕事に活かすことを目的とした者が最も多い。

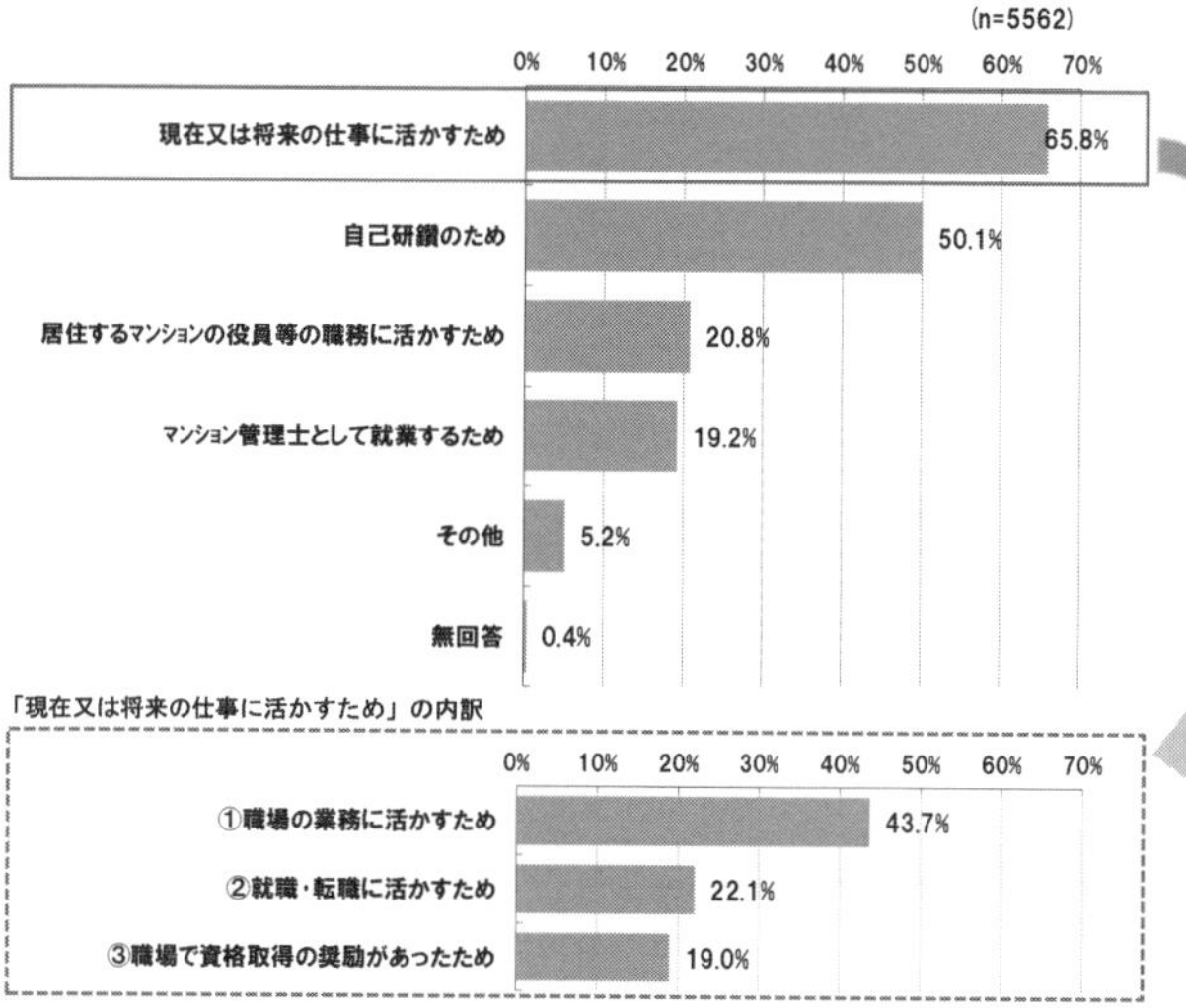

5

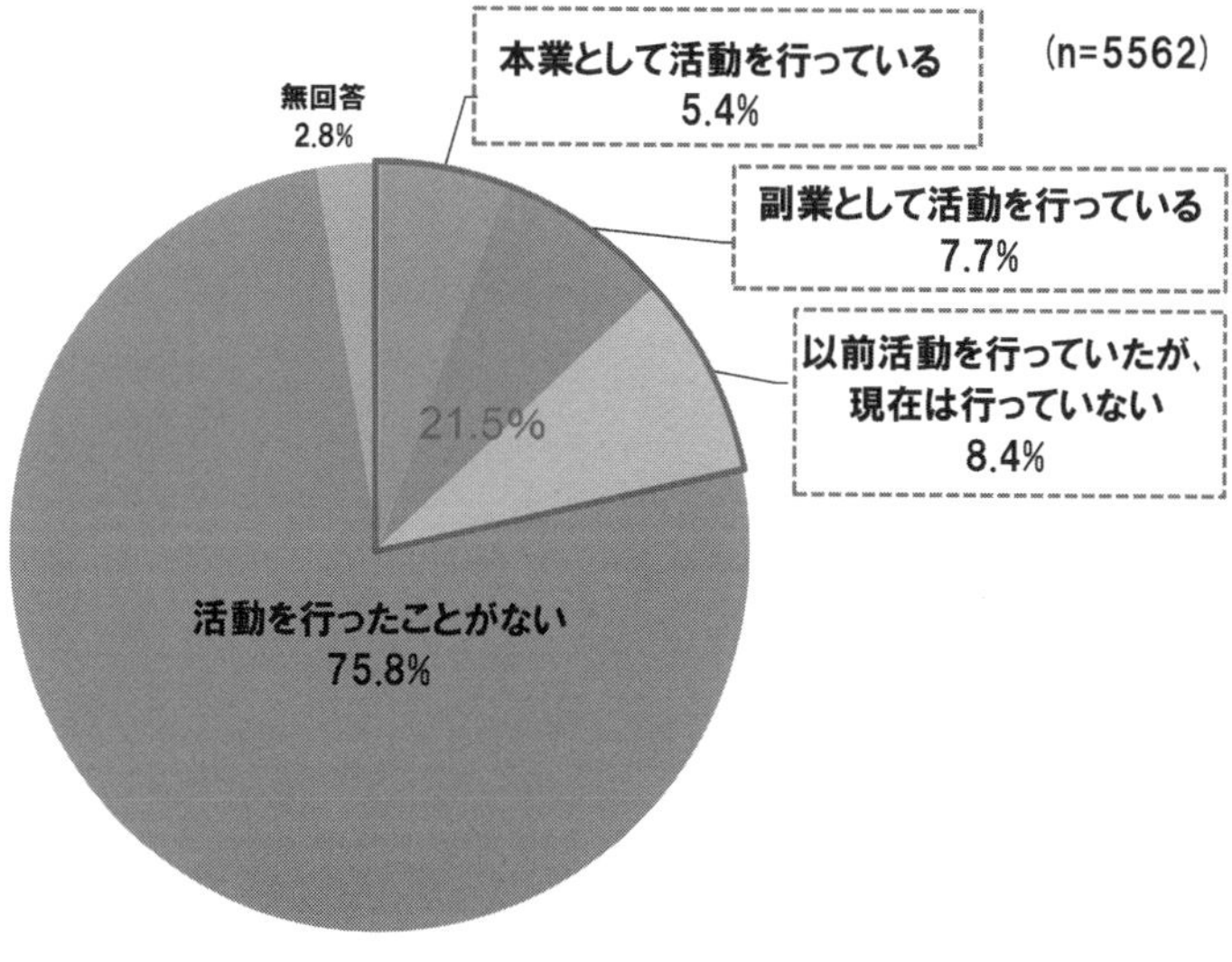

年　齢

（29歳以下は該当なし）

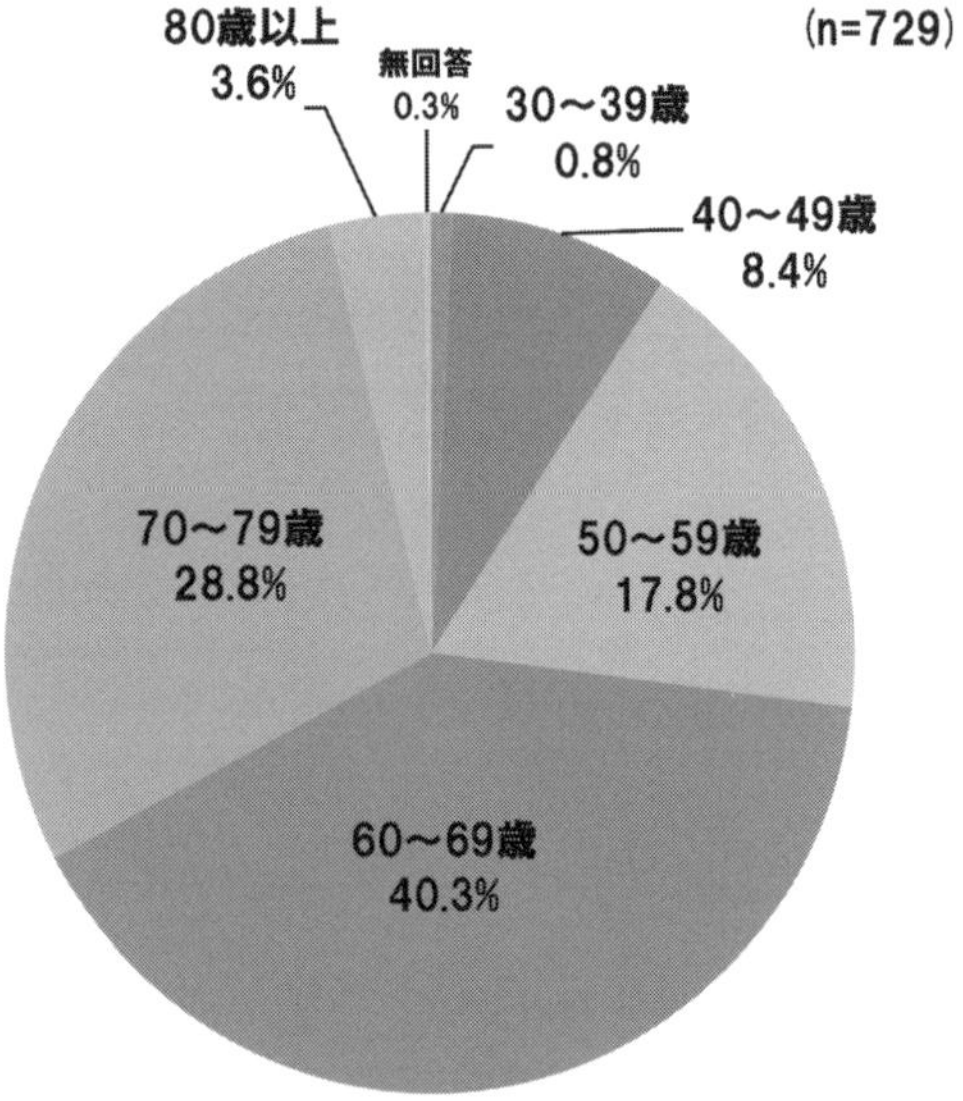

マンション管理士を本業として活動を行っている者

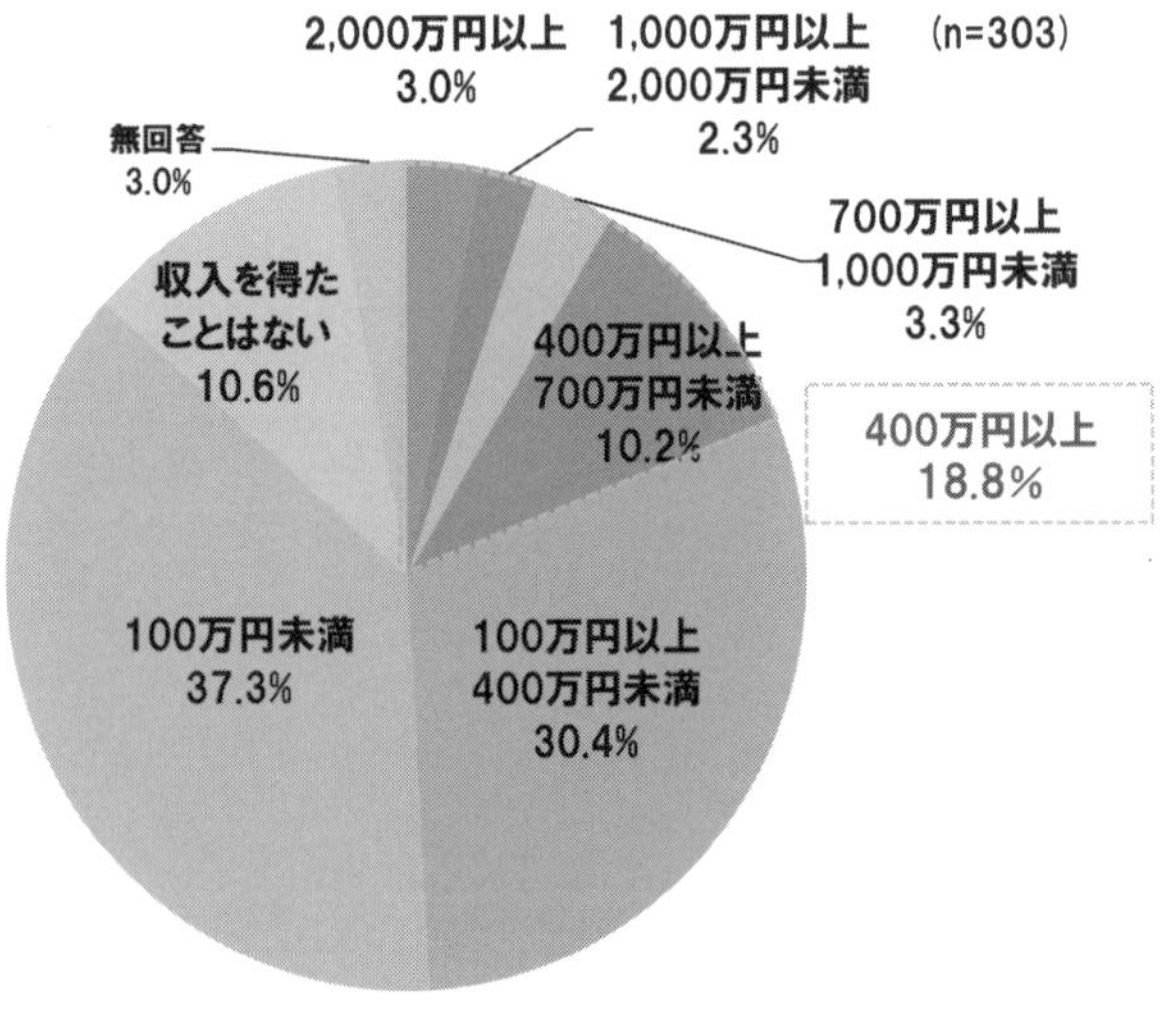

利益相反不適切コンサルに騙されない

マンション大規模修繕工事の発注等において、施工会社の選定に際して、発注者たる管理組合の利益と相反する立場に立つ設計コンサルタントの存在が指摘されています。

国土交通省においては、平成29年1月に通知を発出し、注意喚起をしています。

設計コンサルタントが、自社にバックマージンを支払う施工会社が受注できるように不適切な工作を行い、割高な工事費や、過剰な工事項目・仕様の設定等に基づく発注等を誘導するため、格安のコンサルタント料金で受託し、結果として、管理組合に経済的な損失を及ぼす事態として国土交通省からは次の3点の事例が紹介されています。

【事例1】
最も安価な見積金額を提示したコンサルタントに業務を依頼したが、実際に調査診断・設計等を行っていたのは同コンサルタントの職員ではなく、施工会社の社員であったことが発覚したため、契約は見送り。なお、同コンサルタントは実質的には技術者でない社長と事務員一人だけの会社であった。

【事例2】
設計会社が、施工会社の候補5社のうち特定の1社の見積金額が低くなるよう、同社にだけ少ない数量の工事内容を伝えている事実が発覚。当該設計会社は業務の辞退を申し出た。辞退した設計会社の作成していた工事項目や仕様書に多数の問題点が発覚し、すべての書類を作り直すこととなった。

【事例3】

一部のコンサルタントが、自社にバックマージンを支払う施工会社が受注できるように不適切な工作を行い、割高な工事費や、過剰な工事項目・仕様の設定等に基づく発注等を誘導するため、格安のコンサルタント料金で受託し、結果として、管理組合に経済的な損失を及ぼす事態が発生。

マンションの大規模修繕工事で、発注者の管理組合をサポートするはずの設計コンサルタントが談合に関与し、工事費がつり上げられるケースが相次いで起きています。

従来は、設計・工事監理と施工を分離発注する「設計監理方式」を採用することで、入札の審査を元に、設計事務所などが選定した工事会社が施工にあたり、さらに工事中の施工管理も設計事務所などが行うため、施工品質や安全性も保たれるので施工業者が手抜きをすることができないので安心だといわれていましたが、「設計監理方式」を採用しても安心とは限らないということです。

このような、不適切コンサルタントに騙されないようにするには、管理組合のおひとりおひとりがマンションの管理組合運営に常日頃から高い意識を持つことが必要です。

設計コンサルタントを選定する場合には、会社案内やホームページだけで判断するのではなく、実際に設計会社を訪問して、会社の規模や実績、社風など細かいチェックが必要です。

旧耐震基準から新耐震基準へ

現在、マンションストックの総数は660

万戸以上あり、そのうちの約106万戸が旧耐震基準で建設されたもので、国土交通省では巨大地震に備えるために旧耐震基準で建設されたマンションの耐震化の促進を進めています。

旧耐震基準と新耐震基準とはどのくらい違うのでしょうか。

旧耐震基準は、1950~1981年に制定された耐震基準で震度5強程度の地震では建物は倒壊せず、建物が損傷した場合においても補修・修繕することで従来通りその建物に住み続けられる構造を想定しています。

一方、新耐震基準は、1981年に制定された耐震基準で震度6強から震度7程度の地震でも、建物は倒壊せず、建物が損傷した場合においても補修・修繕することで従来通りその建物に住み続けられる構造を想定しています。

しかしながら、旧耐震基準の建物から新耐震基準を満たす建物に改修する工事はまず、既に建っている建築物の構造強度を調べて、今後起こりうる地震に対する耐震性を計算によって導き出し、受ける建物被害の程度を数値的に把握する耐震診断を実施することが必要です。耐震診断は地震によって起こる建物の破壊や倒壊を未然に防ぐ為に、破壊や倒壊の可能性の有無や程度を把握する目的で行いますが、この耐震診断は費用が高額になります。

東京都の調査によると、耐震診断が必要な建物で耐震診断実施を検討していないマンションは58・9%、そのうち理事会で検討中が29・5%、今後実施する予定がないマンションは、82・9%になっています。

また、管理組合が有るマンションでは耐震診断の実施率が18・0％で、管理組合が無いマンションでは耐震診断の実施率が3・1％であることが報告されています。

耐震診断で新耐震基準を満たしていないことが判明すると、建物のどの部分をどのように補強すれば巨大地震が来ても建物の中にいる人が命を失うような倒壊を免れる事が出来るということを設計図に描く耐震設計を行います。

それが、終わると今度はその設計図に基づいて耐震補強工事を実施することになります。耐震設計、耐震補強工事にも高額な費用が掛かるので現実には実施をしていないマンションがほとんどです。

東京都の調査では、耐震改修の実施状況を見ると、耐震改修を実施していないマンションは94・1％であることが報告されています。

1995年（平成7年）1月17日に発生した阪神淡路大震災では、新耐震基準の建物は、建物の大きな被害はほとんどなく、軽微、無被害が約70％でしたが旧耐震設計の建物では、大被害が約3割、中被害、少被害が約4割と建物への被害がでたものが、70％近くに上っています。

進んでいないマンションの建替え

耐震性不足のマンションの耐震化の促進のために、耐震性不足のマンションの建替え等の円滑化を図るべく、多数決によりマンション及びその敷地を売却することを可能にする制度としてマンション建替え円滑化法が平成26年に一部改正されました。

従来は、マンション敷地を売却することは、処分行為として法律に基づき「区分所有者の全員合意」が必要でしたが、耐震性不足の認定を受けたマンションについては、区分所有者等の4／5以上の賛成で、マンション及びその敷地の売却を行う旨を決議できることができるようになりました。

このように、国は建て替えを円滑に進めるべく施策を実施しておりますが、実際のところマンションの建て替えはあまり進んではおりません。

国土交通省から、平成31年4月に発表された「マンション建替えの実施状況」では，建て替え現在建替え工事が完了しているマンションはわずかに244管理組合実施中、実施準備中のマンションを含めても279管理組合ととても建替えが円滑に進んでいるとは言えない状況になっています。

なぜ、マンションの建替えが円滑に実施されないのでしょうか。

理由としては、合意形成にかかる労力が半端ではなく、お金も時間もかかることにあります。

区分所有者の有志による検討開始から新しいマンションの完成まで、少なくても7年程度はかかります。区分所有者の合意形成の進み具合や工事の難易度によっては、10年を超える場合も珍しくありません。

マンション竣工時は区分所有者の経済状況、健康状態は同じようなものでしたが長い年月を経るに従い区分所有者の高齢化が進み個々の状況が著しく変化することから合意形成に時間を要することになります。現在のマンションを新しいマンションに建替えた場合の面積が十分でない場合は、面積を増やすために多額の追加費用がかかることがあります。

また、工事期間中の仮住まいや引越し費用が別途かかります。

マンションの建替えも戸建住宅と同様「費用の全額を自己負担して行う」が基本的な考え方です。ただし、建替え後のマンションの一部を売却し、そのお金を建替事業費に充当することにより自己負担の一部を軽くすることができます。

現在、建替えを完了したマンションでは敷地が広く建替え以前の建物より大きな建物が建ったことにより、区分所有者の負担する金額は少なくなって、新しいマンションに住み替えられたケースがほとんどだといわれています。

しかし敷地が広く、現在の建物より大きなマンションを建てることができれば、建替えはスムースに実施することができるかというとそうとは限りません。郊外にある大きな団地では敷地が広く現在の建物より大きなマンションを建設できることがありますが、そのような郊外にある団地などは、駅から遠くバス便で不便な立地の為、マンションを建設しても買い手がつかないことからデベロッパーの協力が得られないことが多くあります。

このように、区分所有者の経済的な理由と立地条件が建替えをスムースに実施することができない原因のようです。

マンション管理に居住者の意識がどれだけ高いのか、維持管理の仕方によって、実際の住まいの寿命は変わってきます。

最近では、現在のマンションを上手に手入

れして丁寧に住み続けることが地球のエコにもつながることから「建替えよりも修繕へ」と方向転換する管理組合も多くなっております。

まずは、将来建替えを行うのか、丁寧に住み続けて、上手に手入れして延命させるのか、築年数の経過したマンションでは管理組合でその方向性を確認することが大切です。

マンション建て替えの実施状況

出典：国土交通省ホームページ

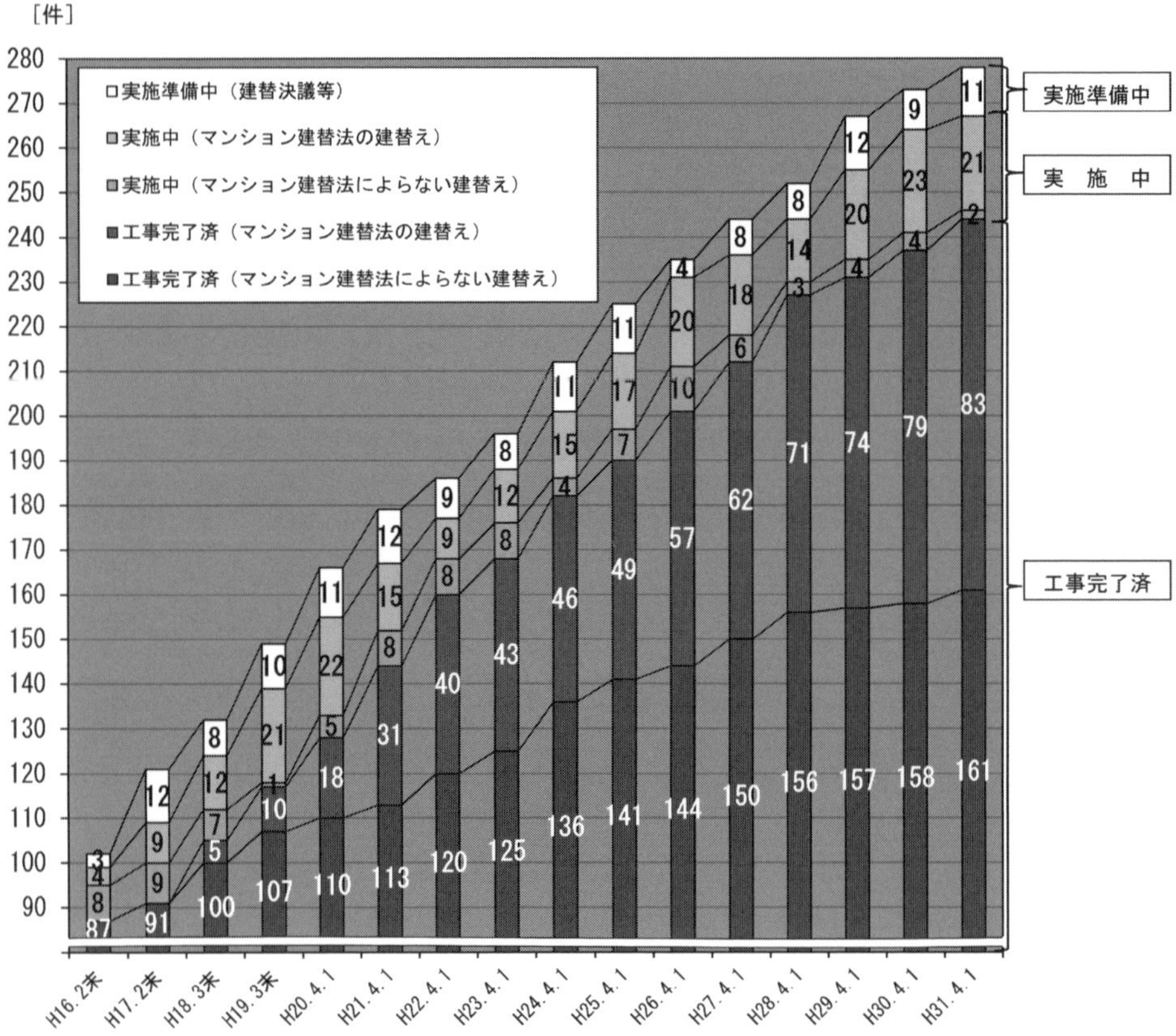

※　国土交通省調査による建替え実績及び地方公共団体に対する建替えの相談等の件数を集計

※　阪神・淡路大震災による被災マンションの建替え（計 112 件）は含まない

マンション建替事業　（5/4 以上の賛成で建替決議はできます）

法律の規定内容　マンション建替事業の流れ

準備・検討・計画	
▼	
建替え決議（区分所有者法）	再建築部の設計、費用の分担 再建築物の所有権の帰属を決議
▼	
マンション建替組合の設立認可	事業主体になる組合の設立
▼	
反対区分所有者への売渡請求	建替組合が反対区分所有者の権利を時価で買い取る
▼	
権利変換計画の決定・認可	区分所有者、借家人、担保権利者の権利は原則として再建マンションに移行する
▼	
組合がマンション権利を取得	権利変換日が一斉に変動する

出典：国土交通省ホームページ

大規模修繕工事

どんなに、素晴らしい高級マンションでも経年劣化は避けることができません。

築年数が経過すると外壁やタイルなどはもちろんのこと、給排水管などの配管設備も修繕工事を行う必要が出てきます。大規模修繕工事の本来の目的は、建物の性能を竣工時の性能に回復させることですが、より快適な居住空間を作り上げるため防犯設備を強化したり、居住者の高齢化に配慮して手摺をつける、スロープをつけるなどバリアフリー化するグレードアップ工事が必要になります。

マンションの大規模修繕工事は、通常の新築工事とは違い、居住者の方々が住みながら行われます。生活している建物が工事現場になるので大規模修繕工事の方法と一般の工事との違いがそこにあります。このように大規模修繕工事は特殊な工事であり、マンションの管理組合にとって、最も大きな仕事となります。

大規模修繕工事の周期

マンションも他の物と同様に、完成した時から劣化の道をたどりますので、いずれ修繕等の手を加える必要が生じてきます。

そこで修繕は「いつやるのがいいのか?」というご相談のお電話をいただくことは多くあります。一般的には、予防・保全の意味もあって言葉の上では「あまり痛みがひどくならないうちに」と言われますが、修繕実施時期の判断は難しく「何年目だから何の修繕をしなければならない。」と決めつけてしまうことはできません。海に近いマンションは塩害を受けやすいなど、建物の立地によっても異なります。「いつ修繕をしなければならないか？」は、次の3つの要因により、個々の建物により異なってくるものです。

1・建物の立地条件 ― 塩害を受ける海浜地区、強い風雨を受ける高台、常に震動を受ける鉄道沿いや交通量の多い幹線道路沿いなど、マンションの置かれている環境により異なってきます。

2・日常的な管理の状態 ― 日頃の点検や修繕・補修・清掃が行き届いているか否かで、建物の耐久性は随分と違ってきます。

3・社会的要因　法令不適合、社会的環境（省エネ・防犯）、組合員のニーズ（バリアフリー、情報化）により対応する必要があります。

以上からもお判りのように、個々のマンションの事情により、計画修繕を実施する時期等については異なってきます。

ただ、外壁補修は9～15年、屋根防水は露出アスファルト防水の場合で10～14年などと、過去の多くの修繕事例等から割り出された標準的な修繕周期というものがありますので、将来の修繕計画を定める上で参考にすることができます。ただし、これはあくまで修繕計画を作る上での目安であって、修繕を実施するかどうかの判断は、専門家による劣化診断を受けて、現在の建物がどの様な状態になっているかを確認した上で修繕の時期や工事の内容などを決める必要があります。おおよその目安としては、大規模修繕工事は「12年周期」で考えられることが多いです。これは、マンションの所在する地域の特定行政庁によっては異なりますが、建築基準法で、築後10年を経過した外壁がタイル貼りなどのマンションは、3年以内に外壁の全面打診調査を行う必要があると定められていることと関係があると言われます。

管理組合の対応としては、管理会社などの建物点検報告書などに基づいて日常的にあるいは半年に1回程度の割合で、ひび割れや、汚れ、脱落の発生などを早めにみつけて対処しておくようにしたいものです。理事会の開催されるときに、管理組合役員で共用部分を歩きながら、建物の劣化状況を目視で確認して把握し修繕の時期を検討することも有効な手段です。

劣化の状態の判断に迷う場合には管理会社の担当者や専門家から説明を聞くことが大切です。ときには、組合員から希望者を募り建物の劣化状況を目視で確認するイベントを企画して多くの組合員に建物に興味を持ってもらうことが重要です。

大規模修繕工事の手順

住戸専用の中規模のマンションにおける大規模修繕工事の手順の例をご紹介します。

まず、団地型・複合型・超高層・大規模・小規模などマンションの形態規模に合わせた配慮が必要です。

工事に着手してからのトラブルが発生することがあります。

それは、大規模修繕工事の手順が明確に組合員に理解されていないことが大きな原因とされています。

多くの組合員に理解していただくためには、あらかじめアンケート調査をしたり説明会を開催したりすることが必要です。

それには、専門家や管理会社からアドバイスを受けて、準備段階から、調査・診断・修繕基本計画・資金計画・修繕設計・工事の着工完了までのおおよその工程表を作成しなければなりません。

　また、組合員やそのご家族に大規模修繕工事に興味を持ってもらうために、共用部探検ツアーや組合員の家族による、色決めコンペ、大規模修繕検定クイズなどのイベントを企画して実施しているマンションもあります。合意形成をスムースに進めるための下準備としていろいろな工夫が必要です。

大規模修繕工事のフロー図

出典：国土交通省

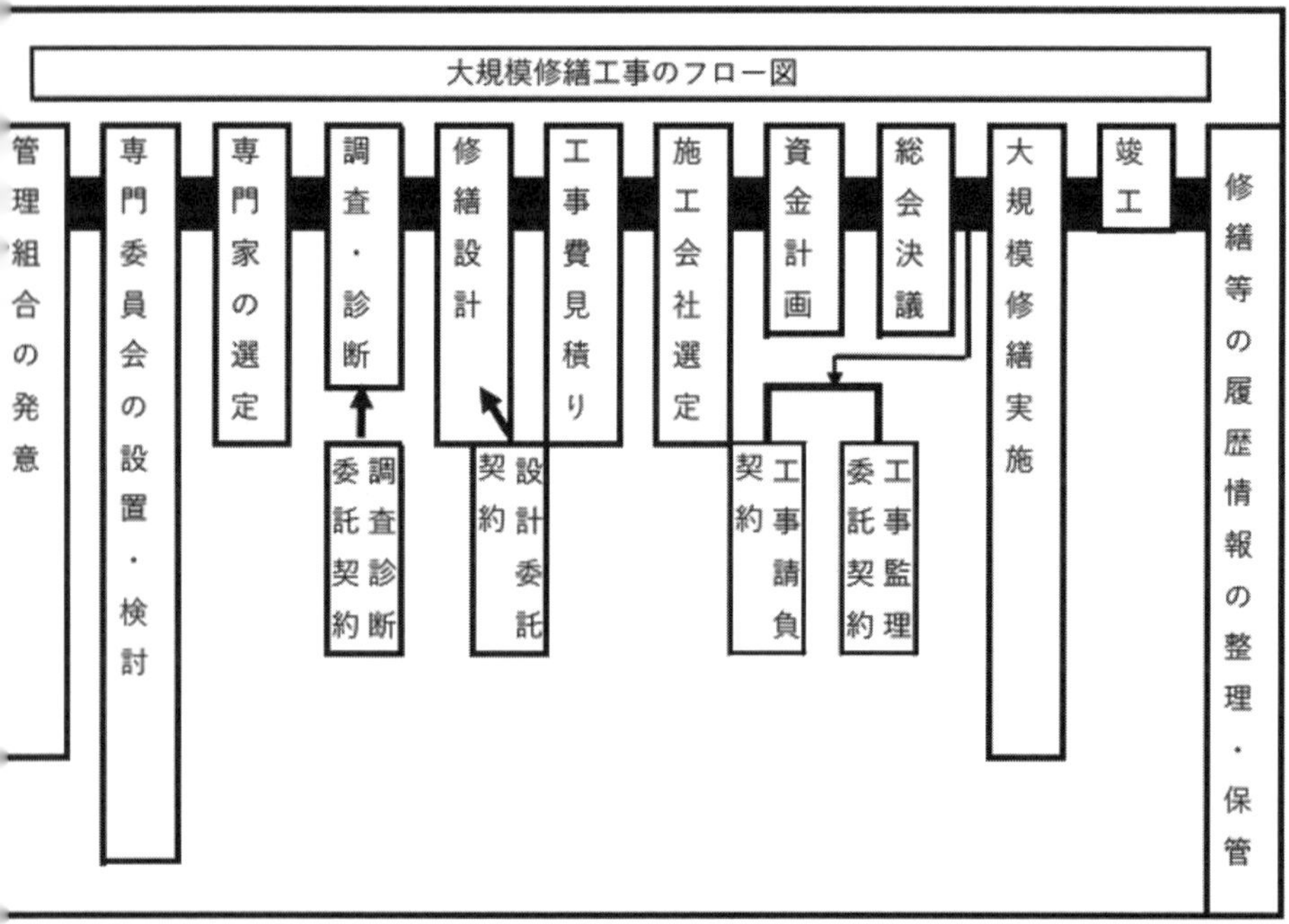

専用使用権のある共用部分の調査

管理組合は、区分所有者からの建物の劣化状況、使い勝手が悪い箇所や居住者の高齢化などに配慮して改善してほしい要望を把握しておくことが大切です。要望を把握しておく手段として区分所有者などに対してアンケート調査を実施するのが一般的です。

アンケート調査では、改善の要望などのほか、バルコニー周り、共用排水管、給水管の劣化状態、修繕の要望を把握します。アンケート調査票は理事会で作成しますが、専門家や管理会社の意見を取り入れることも必要です。

また、バルコニーなどの不具合箇所を特定しやすいように、バルコニーなどの略図やイラストを入れるなどの工夫も必要です。

アンケート調査の調査例は下記のようになります。

室内：天井　⇓　天井漏水痕・結露・カビ・躯体部分の亀裂の有無
外装建具：窓サッシ・網戸・玄関扉　⇓　錆・がたつき・損傷など
給水関係：キッチン・風呂場・洗面所・トイレ・洗濯機盤　⇓　水の出が悪い・水が濁るなど
排水関係：キッチン・風呂場・洗面所トイレ・洗濯機盤　⇓　流れが悪い・逆流する
その他：防犯カメラの増設・耐震化・ごみ置き場の工夫・住戸案内板の取り換え・エントランスホールの整備・防災機器の更新

組合員にアンケート調査を実施して、その結果を踏まえて広報を行い、説明会を開催することにより大規模修繕工事に理解と必要性を認識していただくことで合意形成を図りやすくなります。

給水管排水管の更新工事

標準管理規約第25条では、「区分所有者は、敷地及び共用部分の管理に要する経費に充てるため管理費と修繕積立金を管理組合に納入しなければならない」と規定しています。

つまり、管理組合は敷地及び共用部に要する経費以外に使用することができません。

一方で、標準管理規約第21条第2項では、「専有部分である設備のうち共用部分と構造上一体となった部分の管理を共用部分の管理と一体として行う必要があるときは、管理組合がこれを行うことができる。」と規定があります。

共用部分と一体（つながっている）になっているものには、配管・配線などがあります。

費用の負担については、標準管理規約第21条関係⑧のコメントで「配管の清掃などに要する費用については、標準管理規約第27条第三号の「共用設備の保守維持費」という管理費として充当することが可能であるが、配管の取替えなどに要する費用のうち専有部分に係るものについては、各区分所有者が実費に応じて負担するべきものである。」と解説しています。

ですから、給水管の更新工事の費用を共用部分も専有部分も管理組合が負担することは管理規約違反になります。共用部分の更新費用は管理組合、専有部分の更新費用は区分所有者がそれぞれに負担することになります。

バルコニーについては、同コメント③で、

「バルコニー等の管理のうち、管理組合がその責任と負担において行われなければならないのは、計画修繕等である。」としています。しかしながら、清掃や経常的な補修など日常的な維持・管理については組合員の負担で行うことになっています。

長期修繕計画書の標準様式

マンションの快適な住環境を維持するためには、その建物や設備について、定期的な点検や計画的な修繕工事の実施が不可欠です。特に、計画的に修繕工事を実施するためには適切な長期修繕計画を作成して、それに基づいて算定した修繕積立金を積み立てておくことが必要です。長期修繕計画は将来予想される修繕工事等を計画し必要な費用を算出し、月々の修繕積立金を設定するものです。しかし、経年による建物・設備の劣化状況や社会的要求水準の向上及び生活様式の変化、また、新たな材料・新工法開発による修繕周期・単価等の変動、法改正、物価・税率の変動などの不確定な事項について見直しをすることが必要となるので、国土交通省策定のガイドラインによると「5年程度ごとに見直すことが必要」とあります。

既存のマンションの長期修繕計画で見直し時のチェックとしては、国土交通省が策定した、長期修繕計画標準様式、長期修繕計画作成ガイドライン及び同コメントを参考にチェックして不明な点については作成した管理会社の担当者からその理由と説明を求めます。

① 長期修繕計画の構成

「長期修繕計画の構成（例）と長期修繕計画

標準様式」と同様の項目が記載されているか。（様式目次）

②マンションの建物・設備の概要など

標準様式と同様な項目が設定されているか。（様式第1号）

③マンションの調査・診断の概要

標準様式と同様な項目が設定されているか。又は報告の概要が添付されているか。（様式第2号）

④長期修繕計画の作成・修繕積立金額の設定の考え方

標準様式と同様な項目と内容が記載されているか。記載されていない場合は理由を確認する。（様式第3－1号）

⑤計画期間の設定

新築マンションの場合は、30年以上、既存のマンションは25年以上になっているか。

⑥推定修繕工事項目の設定

標準様式と同様な項目と内容が記載されていないときは理由を確認する。推定工事費が計上されていないときは理由を確認する。

⑦修繕周期の設定

標準様式と記載例の周期と比較して、差異が大きい場合には理由を確認する。（様式第3－2）

⑧推定修繕工事費の算定

標準様式と同様な内訳書があるか。

⑨単価の設定

マンションの改修工事費調査データや積算資料ポケット版マンションReの数字や長期修繕計画案作成の手引きなどと比較して差異が大きい時は理由を確認する。（様式第4－3号）（様式第4－4号）

⑩収支計画の検討

計画期間の推定修繕工事費の累計額より修繕積立金の額が上回っていないか。

⑪修繕積立金の額の設定

修繕積立金の金額が、長期修繕計画により算出された計画期間の推定修繕工事費の累計額を基にして算出されているか。均等積立金方式になっているか。（様式第5号）

⑫長期修繕計画の周知、保管、閲覧等

総会に先立ち説明会を開催、さらに、総会決議後長期修繕計画を配布して閲覧できるように保管され、長期修繕計画などの管理運営情報が開示されているか。

※長期修繕計画の表紙には、標準様式には示されておりませんが、作成日・作成した専門家の所属・氏名・連絡先が記載されていることも確認してください。

近時、マンションの大規模修繕工事等において、診断、設計、工事監理等を担う設計コンサルタントが技術資料を作成し、管理組合の意思決定をサポートする、いわゆる「設計監理方式」は、適切な情報を基に透明な形で施工会社の選定を進めていくためにも有効であるとされています。しかしながら、テレビや新聞などで報道されておりますが、発注者たる管理組合の利益と相反する立場に立つ設計コンサルタント、いわゆる不適切コンサルの存在が指摘されています。不正な工事や割高な費用などにより結果として、管理組合に経済的な損失を及ぼす事態が発生していることから、国土交通省も注意喚起しています。

区分所有者、おひとりおひとりがマンション管理に意識を高く持つことによりこのような被害から免れて適切な価格で最高のコストパフォーマンスで大規模修繕工事を実施されることを望みます。

繰り返しになりますが、大規模修繕工事は新築工事と異なり住民が住みながら工事を行います。日常生活の場が工事の現場となり、バルコニー・共用廊下・階段の使用についても制限を受けることがあります。そのため居住者の日常生活に配慮した工事の進め方についても管理組合に求められます。

大規模修繕委員会

管理組合の理事が一年交替で入れ替わる可能性があるマンションでは、理事会の下部組織として『大規模修繕委員会』を設置することで、審議の継続性の確保が担保されます。また、大規模修繕工事を実施する時期にその分野に詳しい人が必ずしも理事に就任しているとは限らないこと等の理由から、大規模修繕工事の実施に関する実務を円滑に進めるためには、興味のある人が他の管理組合業務に忙殺されることなく、継続的に従事することができることがメリットでしょう。

大規模修繕委員会の検討において、マンションの維持管理に関する専門家にアドバイスなどの支援を依頼することも検討を効率的に進めるために必要となります。

専門家から大規模修繕委員会への参加や相談などの支援を得やすくするためには、専門家の活用について管理規約に定めておくことが望まれます。

大規模修繕委員会の役割は、広義では、大規模修繕工事の実施に関する業務を担当し大規模修繕工事を円滑かつ適正に完了させるための重要な役割の一端を担っていると言えますが、その具体的な業務、役割は、大規模修繕工事に関する事項について理事会からの諮問に基づいて調査、検討し、その結果を答申することであり、理事会を補佐することになります。

では、具体的にどのようにして大規模修繕委員会を設置すればいいのでしょうか。

構想～計画～工事実施まで、工事内容の調査、すべての区分所有者に情報を提供する透明性の確保、施工業者などの選定、注意喚起などが必要なので、2年～3年の時間を要します。加えてその内容は極めて専門的です。標準管理規約第55条の専門委員会の規定を参考に考えてみましょう。

《マンション標準管理規約第55条及びコメント、解説》

（専門委員会の設置）

第55条　理事会は、その責任と権限の範囲内において、専門委員会を設置し、特定の課題を調査又は検討させることができる。

2　専門委員会は、調査又は検討した結果を理事会に具申する。

【第55条コメント】

①　専門委員会の検討対象が理事会の責任と権限を越える事項である場合や、理事会活動に認められている経費以上の費用が専門委員会の検討に必要となる場合、運営細則の制定が必要な場合等は、専門委員会の設置に総会の決議が必要となる。

②　専門委員会は、検討対象に関心が強い組合員を中心に構成されるものである。必要に応じ検討対象に関する専門的知識を有する者（組合員以外も含む。）の参加を求めることもできる。

上記のように大規模修繕委員会の設置は、原則的には総会の決議は必要ありません。理事会決議で可能です。

しかしながら専門委員に報酬を支払う場合や、デジカメ、パソコン、書籍等を購入する費用が発生する場合は、大規模修繕委員会の設置に総会決議が必要です。また、大規模修繕委員会の役割や、その位置付けや業務範囲、委員会の運営方法等についての明確な取り決めがなされていないことからトラブルになることがあります。

ですから、その位置付けや業務の内容、委員会の運営方法等の重要な事項を取り決め、専門委員会運営細則を総会での承認を受けて制定することが重要と考えます。

ちなみに、平成30年度のマンション総合調査では、全体では専門委員会を「設置している」が27・3%、「設置していない」が70・5%となっています。

そのうち「大規模修繕や長期修繕計画に関する委員会」が85・2%と最も多く、次いで「防災に関する 委員会」が20・0%となっています。

完成年次別では、「設置している」は「昭和50年~昭和54年」が44・7%と最も高く、次いで「昭和55年 ~昭和59年」が38・3%となっている。総戸数規模別では、総戸数規模が大きくなるほど「設置している」の割合が高くなっています。

大規模修繕工事の総会決議

区分所有法第17条（共用部分の変更）のうち、「その形状又は効用の著しい変更を伴わないもの」を除いた変更について第17条が適用される、と規定しています。この法律は平成14年に改正されるまでは、「共用部分の変更（改良を目的とし、かつ、著しく多額の費用を要しないものを除く。）は、区分所有者及び議決権の各3／4以上の多数による集会の決議で決する。」とされていました。

大規模修繕工事は多額の費用を要する場合が多いので、区分所有者及び議決権の各3／4以上で議決する特別決議が必要とされていましたが、平成14年の改正法施行後は、敷地及び共用部分の著しい変更を伴わない場合は出席組合の議決権の過半数で決することができる普通決議で大規模修繕を実施できるものと考えられます。このように区分所有法第17条1項本文改正の趣旨は、定期的に行う大規模修繕工事の円滑な実施を図ることにありました。

それでは、敷地及び共用部分の変更でその効用の著しい変更を伴う工事とはどのような工事でしょうか。標準管理規約第47条関係のコメントでは基本的には各工事の具体的内容に基づく個別の判断によることを踏まえて次のように解説しています。

ア　バリアフリー化の工事に関し、建物の基本的構造部分を取り壊す等の加工を伴わずに階段にスロープを併設し、手すりを追加する工事は普通決議により、階段室部分を改造したり、建物の外壁に新たに外付けしたりして、エレベータを新たに設置する工事は特別多数決議により実施可能と考えられる。

イ　耐震改修工事に関し、柱やはりに炭素繊維シートや鉄板を巻き付けて補修する工事や、構造躯体に壁や筋かいなどの耐震部材を設置する工事で基本的構造部分への加工が小さいものは普通決議により実施可能と考えられる。

ウ　防犯化工事に関し、オートロック設備を設置する際、配線を、空き管路内に通したり、建物の外周に敷設したりするなど共用部分の加工の程度が小さい場合の工事や、防犯カメラ、防犯灯の設置工事は普通決議により、実施可能と考えられる。

エ　ＩＴ化工事に関し、光ファイバー・ケーブルの敷設工事を実施する場合、その工事が既存のパイプスペースを利用するなど共用部分の形状に変更を加えることなく実施できる場合や、新たに光ファイバー・ケーブルを通すために、外壁、耐力壁等に工事を加え、その形状を変更するような場合でも、建物の躯体部分に相当程度の加工を要するものではなく、外観を見苦しくない状態に復元するのであれば、普通決議により実施可能と考えられる。

オ　計画修繕工事に関し、鉄部塗装工事、外壁補修工事、屋上等防水工事、給水管更生・更新工事、照明設備、共聴設備、消防用設備、エレベータ設備の更新工事は普通決議で実施可能と考えられる。

カ　その他、集会室、駐車場、駐輪場の増改築工事などで、大規模なものや著しい加工を伴うものは特別多数決議により、窓枠、窓ガラス、玄関扉等の一斉交換工事、既に不要となったダストボックスや高置水槽等の撤去工事は普通決議により、実施可能と考えられる。

特別決議を必要とする修繕、普通決議で良い修繕について、上記のような例を参考に判断してください。

広報体制と修繕履歴の整理、保管

マンションの維持管理に当たって何よりも大切なのは点検、調査、診断や修繕工事をなぜ行うのか、どうすればいいのか、維持管理の必要性、実施方法などを組合員全員に理解し、協力してもらうことです。国土交通省の『マンション管理標準指針』では総会の議事を限られた時間で効率よく行うため、『重要な案件については、事前説明会や アンケートにより意見聴取している』を標準的な対応としています。理由としては、アンケートの実施や事前説明会による意見の聴取が効果的な場合も多いこと、また、事前説明会により、区分所有者が議事を十分理解して総会に臨めることとなり、無用な質疑が避けられるとともに、適切な判断が期待できることがあげられます。

また、管理規約や長期修繕計画は、組合員からの要望があれば、閲覧できるようになっていることはもちろん、理事会や専門委員会での検討の過程や結果が公開され、それに対して質問や意見が言えるような体制がとられていることが望まれます。それには広報が重要です。

広報の方法としてはまずは、理事会ニュースなどの広報誌を発行し、管理組合に意見箱を設置する方法がよく行われています。意見箱を設置する場合には、予め意見箱に関するルール（細則）を策定することで意見箱の運用が行われます。外部に住んでいる区分所有者には、広報誌を郵送し、質問や意見はＦＡＸ等で受けるようにすることが親切な対応といえます。

また、若い世代の組合員が多いマンションでは管理組合でホームページを運営し、維持管理に関する検討を行う委員を募ったり、点検、調査、診断の依頼先の選定や工事に対する意見を求めたり、行った修繕工事を時系列に整理して公開している管理組合もあります。

ホームページで居住者からの意見を投稿すると、理事会や管理会社への意見を他の居住者に閲覧される事なく投稿することができます。理事会や管理会社から意見投稿者への返信も簡単です。

大規模修繕工事の実施時期

長期修繕計画は、将来実施する計画修繕工事の内容、時期、費用等を確定するものではありません。長期修繕計画は、あくまでも計画で不確定な事項を含んでいます。

①建物及び設備の劣化の状況
②社会的環境及び生活様式の変化
③新たな材料、工法等の開発及びそれによる修繕周期、単価等の変動
④修繕積立金の運用益、借入金の金利、物価、消費税率等の変動

ですから5年程度ごとに調査・診断を行い、その結果に基づいて見直すことが必要です。何年経過したから必ず大規模修繕工事を実施する必要があるというものでもありません。

大規模修繕工事には、組合員全員の大切な修繕積立金を使って行いますので、できることならば節約を心がけて効率よく実施する必要があります。

そのためには長期修繕計画及び修繕積立金の額を、一定期間（5年程度）ごとに調査・診断を実施してその結果に基づいて見直しをすることが必要です。

国土交通省の平成30年度マンション総合調査では、大規模修繕工事の検討のきっかけは、「長期修繕計画に基づく」が54・7％と最も多くなっていて、その次が「管理会社が行う建物の定期診断結果報告」が25・0％となっています。

単棟型と団地型のマンションを比較すると、「長期修繕計画に基づく」が、単棟型が52・7％、団地型が63・4％で、団地型が多くなっています。

大規模修繕工事実施に当たっての建物・設備の調査・診断の本格的な実施では、全体では、「マンション管理業者に依頼した」が53・7％と最も多く、次いで「建築士事務所に依頼 した」が17・6％、「調査・診断専門業者に依頼した」が12・9％となっています。

形態別では、団地型は、単棟型に比べ『マンション管理業者に依頼した』の割合が低く、『建築事務所に依頼した』、『調査・診断専門業者に依頼した』の割合が高くなっています。

分譲マンションは、個人が所有する室内空間の専有部分と組合員全員が所有する共用部分で成り立っています。個人の所有である専有部分も共用部分があってこそ住まいとして個人資産として価値があります。どんなに専有部分が美しく保たれていても、共用部分の劣化が著しく進んでいれば、快適な住生活は得られないばかりではなく、住まいとして機能や価値も低下してしまいます。

大規模修繕工事の実施を適切に行うには日

常的、定期的に行う『点検・調査・診断』はマンションに安心・快適に住み続けるために不可欠な行為です。それぞれの業務は専門家に依頼するとしても、マンションの管理の主体は管理組合です。

日頃から、居住者が共用部分の維持管理に興味を持って『自分の財産は自分で守る』という気持ちが大切です。

大規模修繕工事の周期はなぜ12年周期なのか。

ほとんどマンシッョンの大規模修繕工事の周期が12年になっています。

12年の修繕周期の根拠はどこにあるのでしょうか。

国土交通省から公表されています「長期修繕計画作成ガイドライン」では修繕周期は、新築マンションの場合、推定修繕工事項目ごとに、マンションの仕様、立地条件等を考慮して設定します。また、既存マンションの場合、さらに建物及び設備の劣化状況等の調査・診断の結果等に基づいて設定します。

設定に当たっては、経済性等を考慮し、推定修繕工事の集約等を検討するとしていて、劣化状況等の調査・診断の結果に基づいて設定することになっていて特に12年周期とはなっていません。

しかし、ほとんどのマンションの大規模修繕工事は「12年周期」で長期修繕計画が作成されることが多いようです。これは建築基準法施行規則の改正（２００８年4月１日施行）により、定期調査報告における具体的な調査項目、調査方法、および判定基準が、「国土交通省告示第２８２号」に定められ、外壁の全面打診調査が義務付けられたことが影響していることが考えられます。

築後10年を経過した外壁がタイル貼りなどのマンションは、3年以内に外壁の全面打診調査を行う必要があると規定されました。外壁の全面打診調査は費用が多くかかることから最近では外壁全面打診に変わる方法としてドローンによる赤外線調査法が費用や安全面から注目され、色々の建物においても年ごとにドローンに赤外線カメラと解像度の高いカメラを搭載して調査法で外壁調査や劣化調査を行う事も考えられます。

この方法は、平成20年4月に改正された定期報告での外壁検査方法としても正式に認められ、全面打診に代わる足場の要らない調査として注目されています。

管理組合からのご相談では12年毎の大規模修繕工事が義務とされていると思い違いをしている方は意外と多くおります。

築後10年を経過した外壁がタイル貼りなどのマンションは、3年以内に外壁の全面打診調査実施をしていれば、多額費用が掛かる大規模修繕工事を、12年毎に行う義務はないことがないことは理解していただけたと思います。

60年のスパンで大規模修繕工事を考えると、12年周期で実施すると5回の大規模修繕工事が必要ですが例えば15年周期で実施することで4回になり1回分の大規模修繕工事の費用を節約できることになります。

大規模修繕工事の費用はマンションの場合には、足場（仮設）の費用が多くかかることが多いので、足場を設けなくても工事を行うことができる箇所の補修をしておくことは可能です。足場を掛けて作業しなければならない部分を優先して補修を実施して、足場が必要な箇所個所はまとめて補修することで大規模修繕工事の回数を減らすことが可能になります。

そのためには、修繕工事の履歴の確認や、工事の実施にあたり入念な現場調査が大変重要になります。

ドローンによる外壁調査の詳細につきましては、一般社団法人　日本建築ドローン協会員の

〒333－0847
埼玉県川口市芝中田2丁目34番地16号
株式会社セラフ榎本
048－265－1883
URL：http：／／www．sei．ne．jp／index．php

にお問い合わせください。

COLUMN

赤っ恥からのドローンビジネスに参入

ドローンの会社のコメント

ドローンでの外壁調査を始める事となったきっかけは、平成28年10月に中部地区で大きな工場を所有する会社の屋根の遮熱塗装工事の見積及び現地調査での出来事からでございます。

工場の総務担当者から三連梯子がないと屋根に上れないと連絡があり、「見積時や調査時に三連梯子を車で運ぶのは時間とコストがかかる」と悩んでいました。しかしながら屋根の遮熱塗装工事の見積や調査は屋根の劣化状況を目視するのが鉄則です。

折半屋根の劣化度を確認しないとベストな見積ができないからです。どうしようかと思

いついたのが「ドローンの活用」でした。思い立った後にすぐに本屋でドローン関連の本を購入し、２００ｇ未満ならば国土交通省からの飛行許可はいらないと知った私は早速、トイドローンを池袋駅のビックカメラで2機購入しました。初めて見るドローンにおろおろしながらの購入でした。

価格は８０００円くらいのものだったかと思います。これがドローンとの運命の出会いでございました。

3年前のこのワクワク感は今も忘れることはございません。

会社に戻り社員の皆に自慢げに社内でトイドローンを飛ばして見せました。初めて見た社員は皆がトイドローンに驚いていました。

これなら行けると確信した私は、新幹線を利用し、三連梯子ではなく、バッテリーを満タンに充電したトイドローン2機を持って工場の屋根の遮熱塗装工事の見積及び調査に行きました。

総務部の担当者に挨拶を終え、いよいよトイドローンを使って屋根の調査を始めようとしたとき、信じられない光景に目を疑いました。工場で働く多くの社員の皆様が、トイドローンが飛ぶのを見学に来たのです。

少し緊張しながらも見学者が多いので気合が入り、早速ホバリング、上昇させました。そのとき未熟な私が予想もできなかったことが起こりました。室内にはない風が吹いてきて2M程度上昇後にドローンが屋根と逆方向にフラフラと流されて行きました。

そこで起きたのが「爆笑の渦」でした。皆が流されて行くドローンを指をさして大笑いしていました。焦った私はドローンを戻し、もう一度チャレンジしましたが結果は同じでした。２度目の「爆笑の渦」、そのうち社員の皆様がいなくなり、むなしい時間がただただ経過していきました。肩を落とす私に、総務部の担当者は優しく声をかけてくれました。「申し訳ございません」と涙ながらにお詫びをしました。言うまでもなくその工事は他社に決まりました。

私が意気揚々とでかけたものですから会社に戻ったときに、何も知らない社員が笑顔で「社長どうでしたか」と聞いてきました。「ごめん期待に応えられなくて・・・」と2度目のお詫びをしました。

あれから3年が経過し今は、赤外線外壁調査はＭａｔｒｉｃｅ ２１０ ＲＴＫとＰｈａｎｔｏｍ４ Ｐｒｏ 外壁調査はＭａｖｉｃ ２ ＺｏｏｍとＭａｔｒｉｃｅ ２１０ ＲＴＫとＰｈａｎｔｏｍ４ Ｐｒｏ Ｐａｒｒｏｔ ＡＮＡＦＩを使っています。産業用ドローンと一般用ドローンは全10台保有し、国土交通省からご承認を頂戴した操縦者は12名です。調査実績も50件ほどになり益々忙しくなってきています。調査実績は４００世帯のタワーマンションから30世帯のマンションまで多数ございます。

社員が操縦して空中で調査しているドローンを見ながら、ふと目をつぶると、お世話になった皆様を思いだします。私にご指導を頂きました方々には心から感謝致します。

榎本社長写真

従来の建物診断は打診棒などを使って壁面を打診することで外壁の浮き部を調査する「打診法」が一般的でした。この診断は高所の診断を行う場合、ブランコやゴンドラの組立・設置が必要となり、多大な費用と時間が掛かってしまいます。セラフ榎本では、このような課題を解決すべく、「ドローン」と「赤外線カメラ」による建物診断を行っています。

ドローン（空撮）のメリット

・ブランコやゴンドラ組立・設置が不要（コストの大幅削減・時間の短縮）
・屋根上や屋上へ上がれない物件などの診断も可能
・人が高いところへ上がる必要無し（安全面

操縦写真

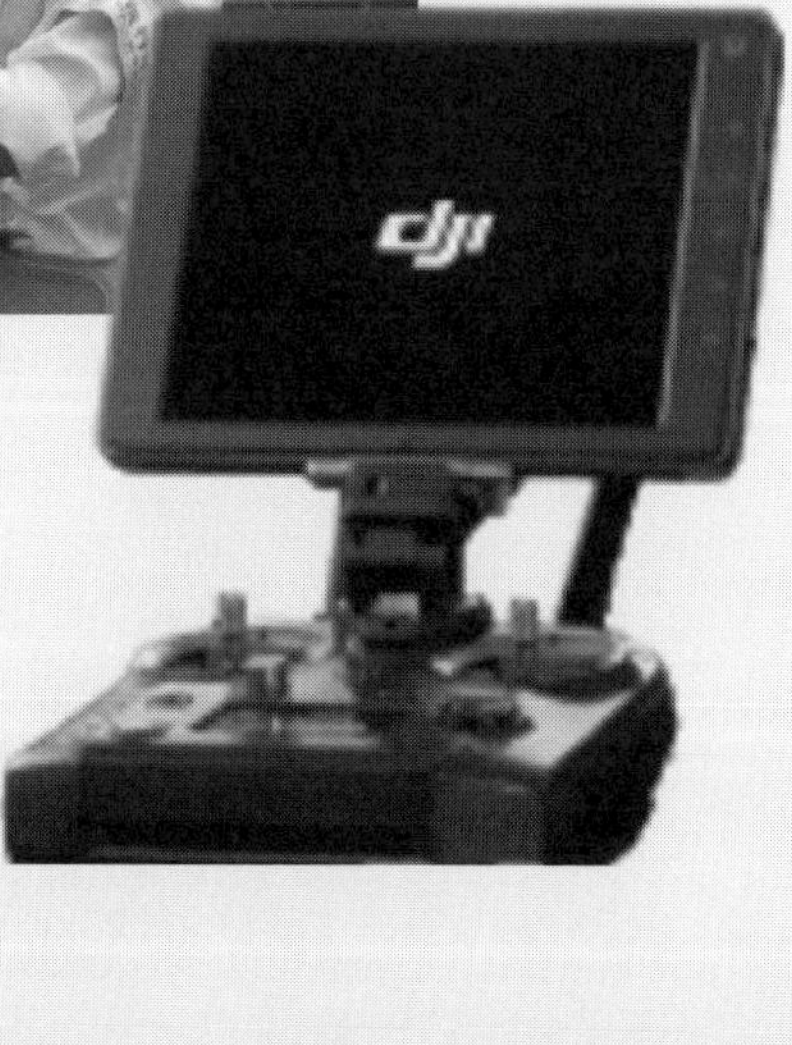

プロポまたは送信機

への配慮）

・リアルタイムにお客様と診断概要を確認・把握（屋外にてその場でＬＩＶＥ動画表現）

・検査結果は記録として保存、再生。

赤外線診断とは

建物の外壁面が太陽の日射・気温の気象変化を受けると、断面形状や材料（外壁タイル・モルタル等）の浮き部と建前部の熱伝導率の違いにより表面温度に差が生じます。その表面の温度差を赤外線サーモグラフィによって測定していきます。そこから、得られた表面温度分布から「浮き部」を検出する診断方法が赤外線診断です。微小な温度差を捉え可視化することができるため、表面では分からない微小な外壁タイルの浮き等の調査が可能です。

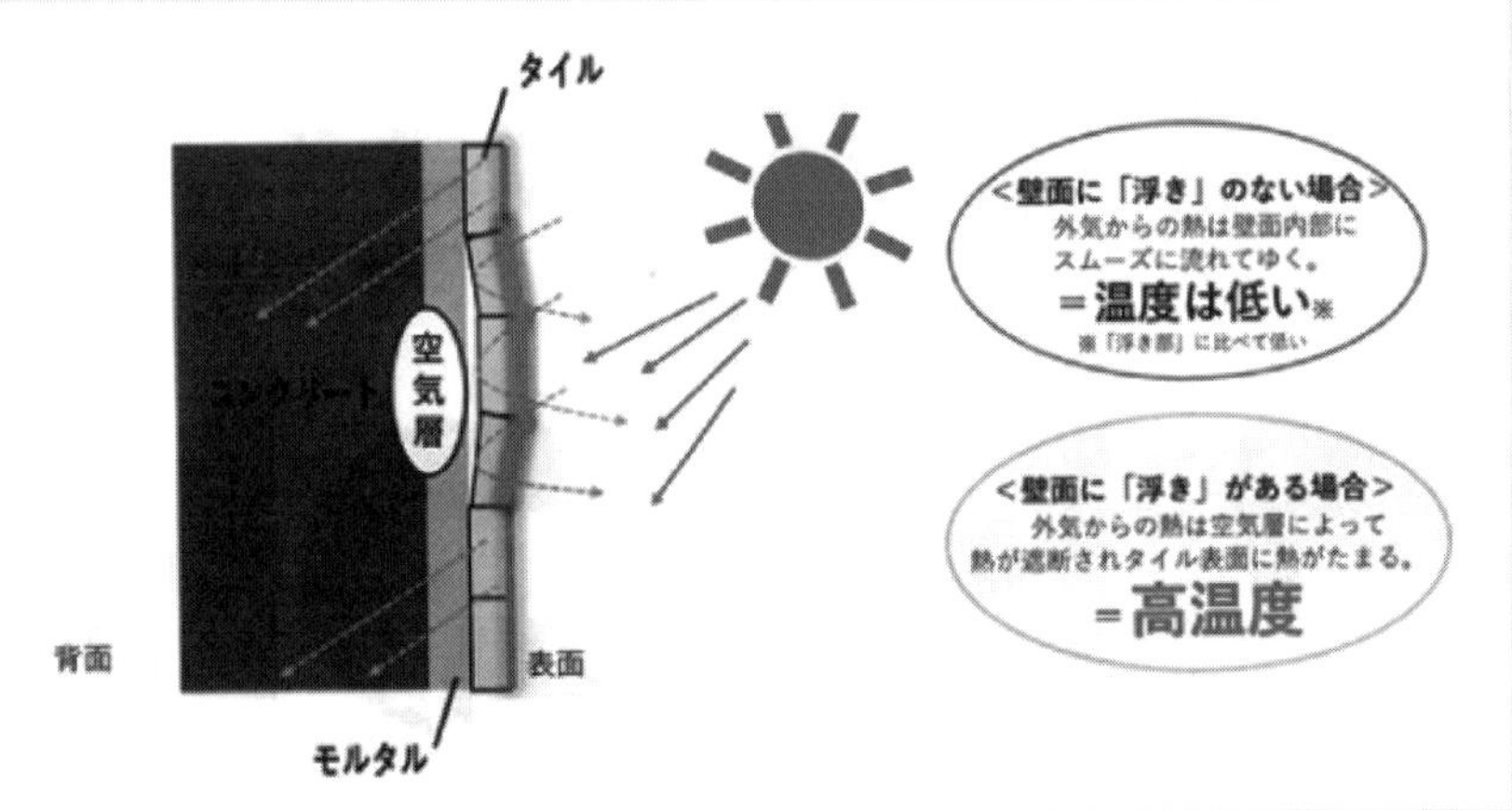

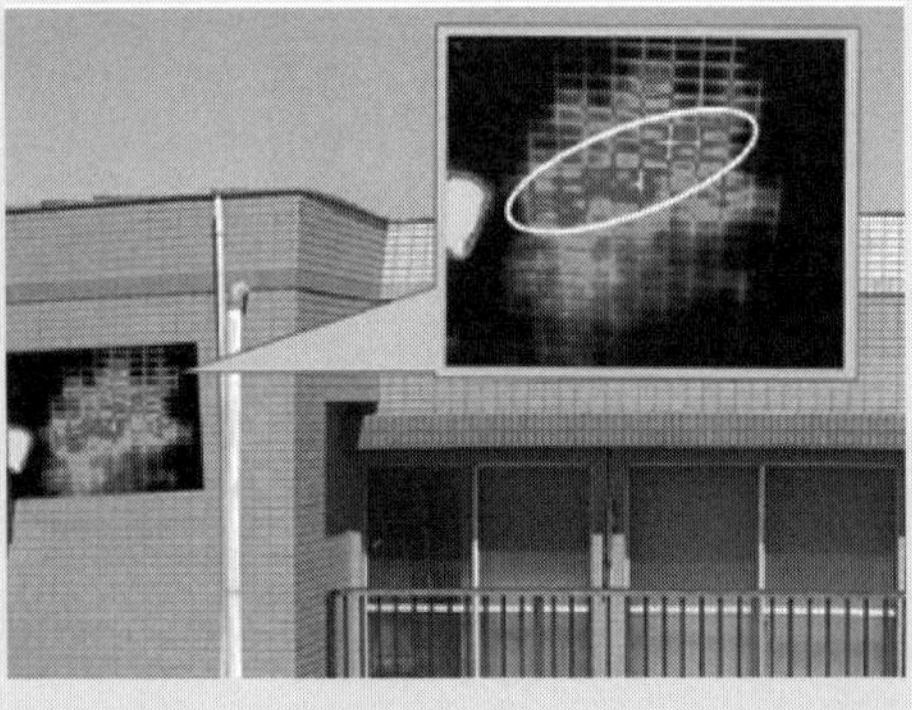

ドローン赤外線診断項目

・外壁タイル等の浮き

ドローン可視光カメラ診断項目

・外壁タイルのひび割れ／欠損／エフロレッセンス

・シーリング調査…劣化状況

・防水調査…屋上の全景

・外壁塗装面（東西南北）…ひび割れ／欠損／爆裂／塗膜の浮き／退色

・鉄部（避雷針、屋上看板の鉄骨部分）…錆／劣化状況給水管での問題

赤外線カメラによるドローン外壁調査のメリット

・非接触のため足場やゴンドラなどの仮設を必要としません。（コストの削減化）

・大面積を少人数で比較的短期間で測定できるので効率が良いです。

・診断結果を熱画像として記録できます。

・ドローンパイロット：12名
赤外線建物診断技能師：15名

・一般社団法人　日本建築ドローン協会　会員

・一般社団法人　日本赤外線劣化診断技術普及協会会員

・一級建築士：4名一級建築施工管理技士：8名

・二級建築士：1名二級建築施工管理技士：12名

お問い合わせ
株式会社セラフ榎本
〒333-0847 埼玉県川口市芝中田2-3-4-16
☎048-265-1883
http://www.sei.ne.jp/index.php

タワーマンションドローン撮影上空写真

調査で使用するドローン

事前調査 ▶ 飛行計画書作成 ▶ 調査契約 ▶ 赤外線カメラ現地調査 ▶ 画像解析 ▶ 調査診断結果を提出・報告

診断の流れ

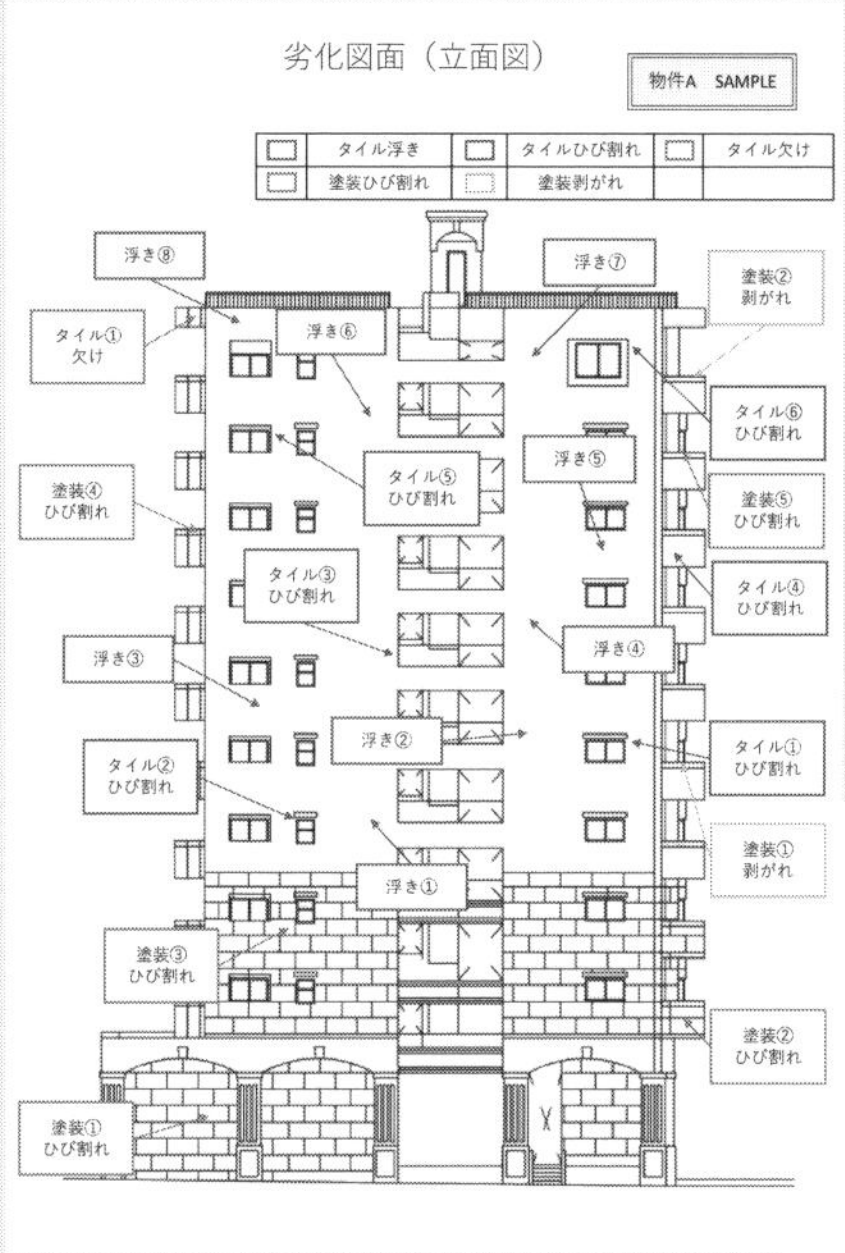

診断書例

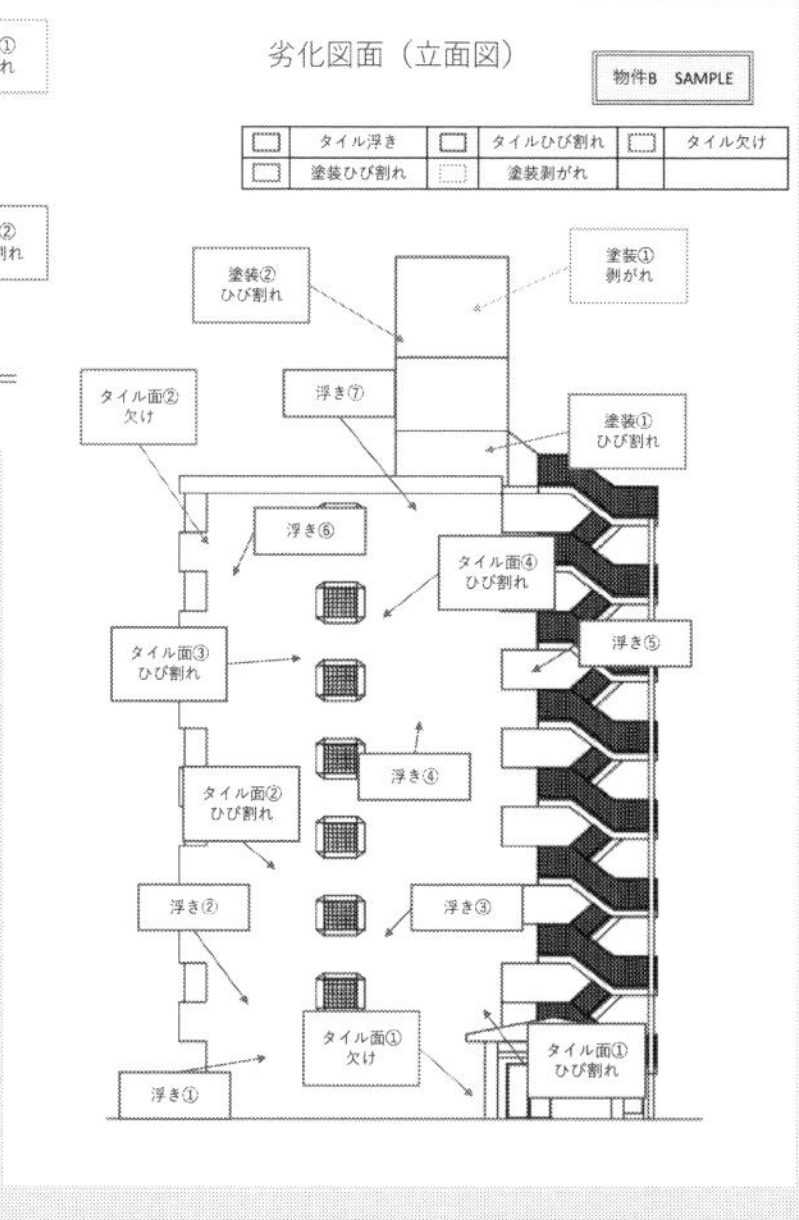

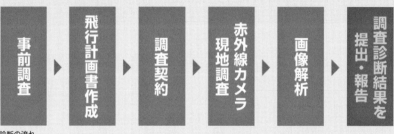

修繕積立金が足りない

平成30年度のマンション総合調査によりますと、工事費の調達を修繕積立金だけで行った割合が72・3%という数字が公表されています。

工事費の調達を修繕積立金だけで実施できたのは7割で残り3割は、組合員から、一時金を徴収した、あるいは住宅金融支援機構などを通じて金融機関から資金を借り入れたことになります。

なぜ、3割のマンションで修繕積立金が不足しているのでしょうか。

平成23年4月に国土交通省から公表された「マンションの修繕積立金に関するガイドライン」によれば、一般に、マンションの分譲段階では、分譲事業者が、長期修繕計画と修繕積立金の額をマンション購入者に提示していますが、マンション購入者は、修繕積立金等に関して必ずしも十分な知識を有しているとは限らず、修繕積立金の当初月額が著しく低く設定される等の例も見られます。その結果、必要な修繕積立金が十分に積み立てられず、修繕工事費が不足するといった問題が生じているとの指摘もあります。

新築でマンションを購入した方はご存じだと思いますが、マンションを購入する際に、電車の中刷り広告や新聞広告、ネット等でマンションの情報を得ます。

その時に分譲会社のパンフレットに記載されている修繕立金の額がとても低い金額に設定されていることがあります。

専門家から見ると、「このような金額では絶対、将来満足な大規模修繕工事ができない。」と思われる額で著しく低く設定されています。

何故、修繕積立金を安く設定するのか？そ の理由としては、マンションを購入すると、住宅ローンの返済、管理費、修繕積立金など毎月支払うことになります。

そのランニングコストが少しでも安い方がデベロッパーから見れば、マンションを売り安く、買い手から見れば買いやすいので、販売のテクニックとして著しく低い金額にしているのです。

そのような低い金額では満足な大規模修繕工事が実施できない事がマンションを購入してから、管理組合が設立されて理事会で色々調査していくと段々にわかってくるのです。

その結果、マンション購入者からは、購入して2年も経っていないのに修繕積立金が2倍になった、3倍になったと大きな不満が起こりました。

そのために、国土交通省がマンション修繕積立金に関するガイドラインを公表して新築マンションの購入予定者に対し、修繕積立金に関する基本的な知識や修繕積立金の額の目安を示し、分譲事業者から提示された修繕積立金の額の水準等についての判断材料を提供するために、「マンションの修繕積立金に関するガイドライン」を作成して公表したのです。

そのガイドラインでは、修繕積立金の算出方法が示されています。

Y＝AX＋（B）要するに修繕積立金＝修繕積立金の平米単価×床面積なのです。

マンションのその部屋の修繕積立金の平米単価が概ね200円以上でないと修繕積立金

が将来不足するということです。

そのマンションに維持・管理にお金がかかる機械式駐車場があるとさらに（B）が加算されるということです。

このガイドラインは、主として新築マンションの購入予定者向けに、修繕積立金に関する基本的な知識や修繕積立金の額の目安を示したものですが、あわせて、分譲事業者から購入予定者に対し、修繕積立金の額の水準やその設定の考え方について説明することが重要となります。

新築マンションの購入予定者向けの計算式なので、築年数が経過したマンションでは、平米単価が300円になることや500円以上になることがあります。

私の経験では、築年数が経過したマンションでも平米単価が200円に満たないマン

1）修繕積立金の額の目安

（算出式）

Y＝AX（＋B）

Y：購入予定のマンションの修繕積立金の額の目安
A：専有床面積当たりの修繕積立金の額（下表）
X：購入予定のマンションの専有床面積(㎡)
（B：機械式駐車場がある場合の加算額 ）

機械式駐車場の修繕工事費を駐車場使用料収入で賄うこととする場合は、「機械式駐車場がある場合の加算額」を加算する必要はありません。

Ⅰ　専有床面積当たりの修繕積立金の額（A）

建物の階数/建築延床面積		平均値	事例の3分の2が包含される幅
【15階未満】	5,000㎡未満	218円／㎡・月	165円～250円／㎡・月
	5,000～10,000㎡	202円／㎡・月	140円～265円／㎡・月
	10,000㎡以上	178円／㎡・月	135円～220円／㎡・月
【20階以上】		206円／㎡・月	170円～245円／㎡・月

Ⅱ　機械式駐車場がある場合の加算額（B）

B　＝　機械式駐車場の１台あたりの修繕工事費（下表）×　台数
×　購入を予定する住戸の負担割合
（住戸の負担割合は、専有部分の床面積の割合としている場合が多い。）

機械式駐車場の１台あたりの修繕工事費

機械式駐車場の機種	機械式駐車場の修繕工事費の目安（１台当たり月額）
２段（ピット１段）昇降式	7,085円/台・月
３段（ピット２段）昇降式	6,040円/台・月
３段（ピット１段）昇降横行式	8,540円/台・月
４段（ピット２段）昇降横行式	14,165円/台・月

※「長期修繕計画作成の手引き」（（社）高層住宅管理業協会）においては、修繕工事費はピット式と地上式との差は少ないことを前提に上記４種類の方式が掲載されています。「機械式駐車場の１台あたりの修繕工事費」は、この手引きの「機械式駐車場維持保全資料」の20年間の累計費用の目安を月額に換算した数値です。

ションが多くあります。

修繕積立金の見直し

修繕積立金の見直しの「はじめの一歩」としての長期修繕計画の見直しをすることが必要となります。

そこで平成20年に国土交通省から、長期修繕計画の作成、又は見直しをするための標準的な様式「長期修繕計画標準様式」と併せて、長期修繕計画の基本的な考え方と標準様式を使用しての作成方法を示した「長期修繕計画ガイドライン・同コメント」（以下「ガイドライン」という。）が公表されました。

この、「長期修繕計画ガイドライン」が公表された背景には、これまでマンションの事業主がマンション販売時に作成したもの、管理会社が作成したもの、マンション管理士や建築士が作成したものなど、作成者ごとに様式が異なっていたということがあります。

このガイドラインが公表されたことにより管理組合等による長期修繕計画の内容の理解やチェック等が容易にできるようになりました。また、長期修繕計画に設定する推定工事項目のもれによる修繕積立金の不足を防ぐため、長期修繕計画において、計画的に見込まれる修繕工事などの部位、工事等による項目の標準的な「推定修繕工事項目」が示されました。

これによりまた、管理組合は、ガイドラインを参考としてその業務を専門家（管理会社、建築士事務所等）に委託（管理委託契約に明記することも含む）して、作成された長期修繕計画の内容をチェックすることができるようになりました。

その結果、長期修繕計画を見直すと、今までの長期修繕計画と乖離が著しい場合に、現在の修繕積立金の額が計画の作成時点において推定した増加額以上に金額が増える場合がありますので特に留意する必要があります。したがって、長期修繕計画を作成又は見直した管理会社等の専門家は、説明会を開催して、組合員に十分に説明することが必要です。

修繕積立金の見直しの方法として、3種類あります。
1　一時金の徴収・・・大規模修繕工事の時に1世帯当たり数十万円を徴収する方法。
2　段階増額方式・・・初期の修繕積立金の金額を抑えるために段階増額積立方式は数年ごとの単位で徴収する修繕積立金があがる方式。
3　均等積立方式・・・最初から、均等（同じ金額）で積み立てるので、途中で修繕積立金の金額に変更がない方式。

修繕積立基金を併用した場合

出典：国土交通省修繕積立金のガイドライン

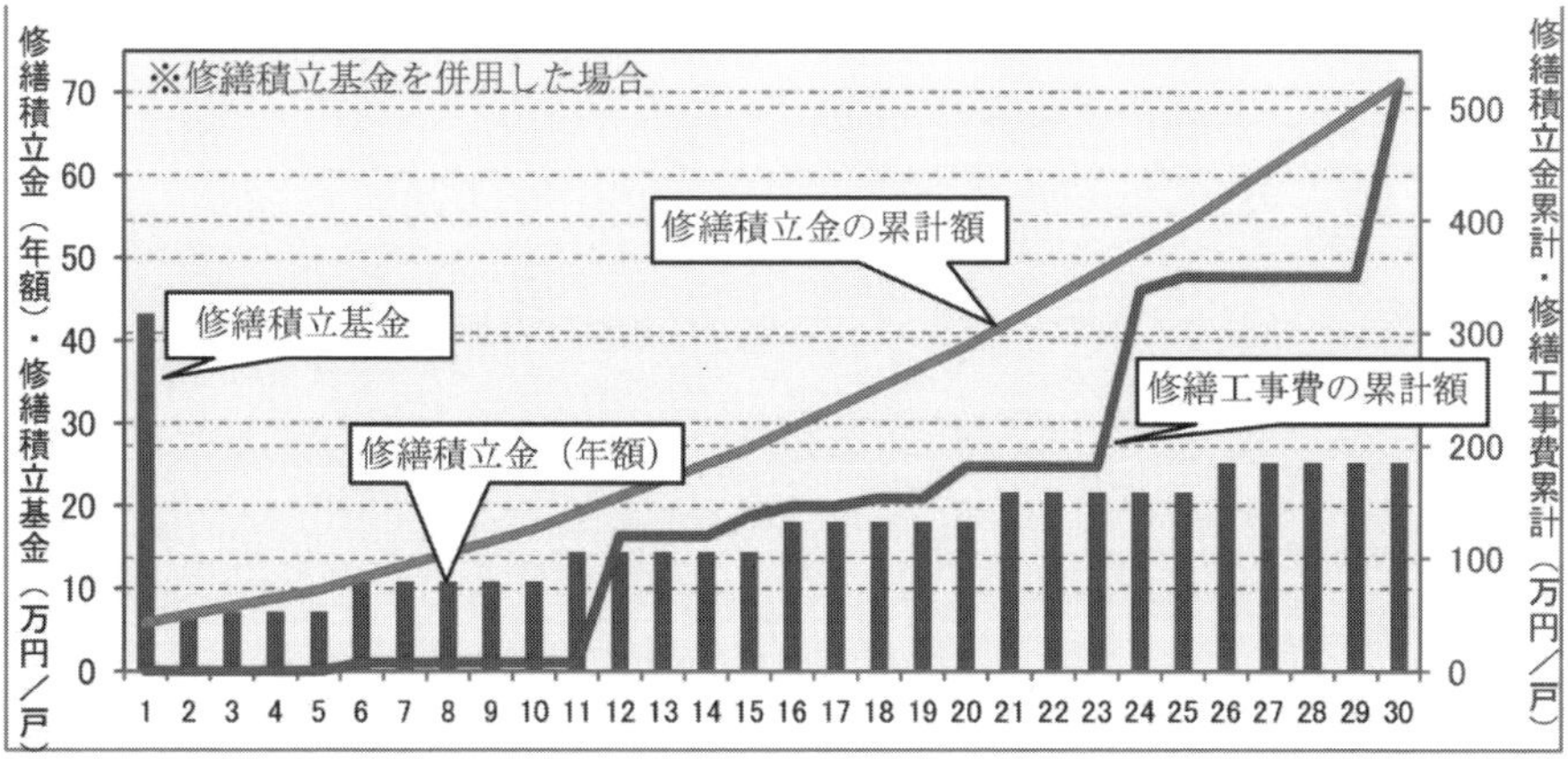

修繕積立金の均等積立方式

出典：国土交通省修繕積立金のガイドライン

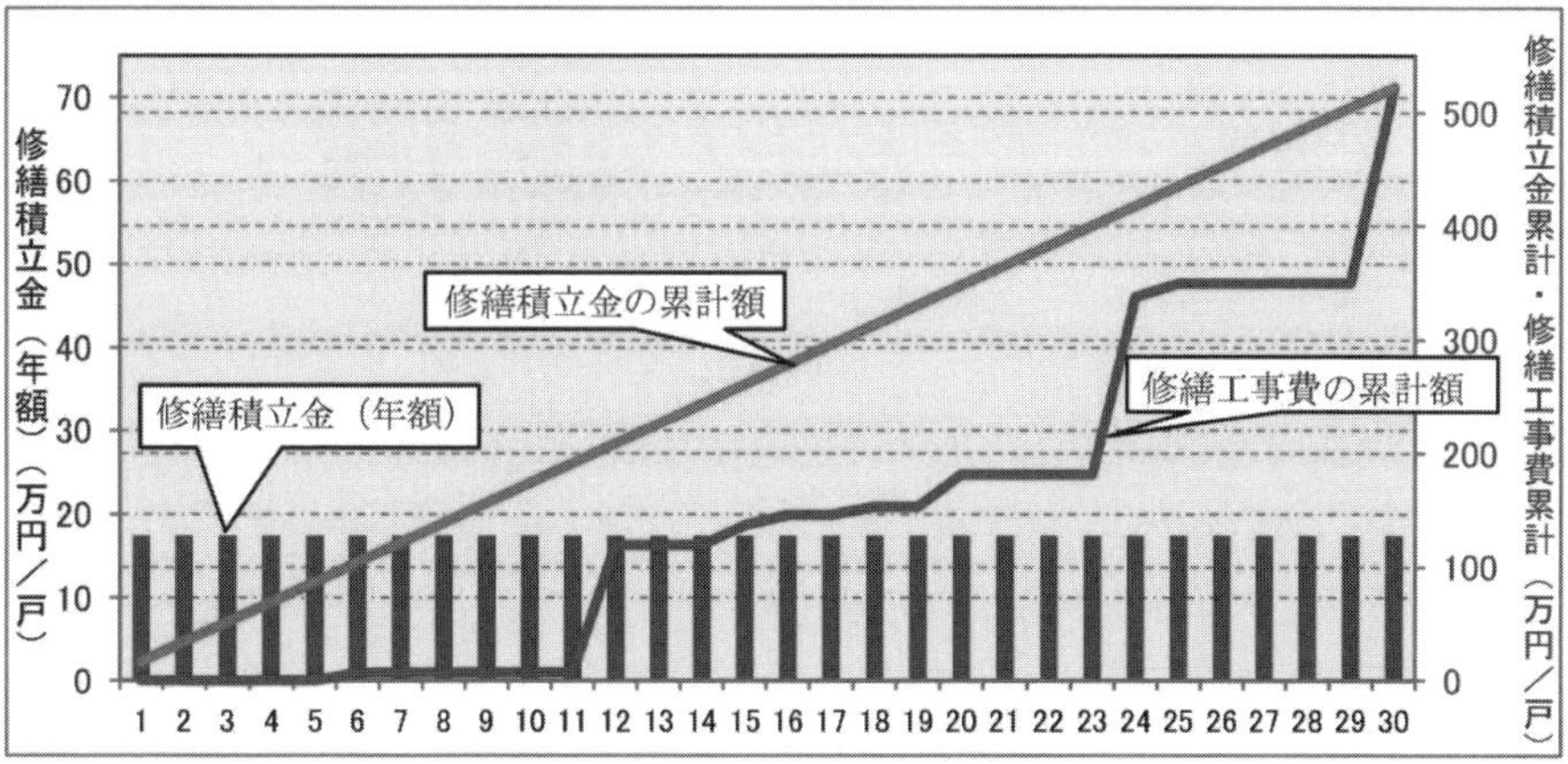

総会を円滑に行うための準備

築年数が経過してからの増額や一時金の徴収を検討する場合には、区分所有者の高齢化が進み定年を迎えるなどで収入が減ってしまうことから、区分所有者間の合意形成が非常に困難になっていきます。

段階増額方式や修繕時に一時金の徴収を前提とした積立金方式を採用している場合には、修繕積立金を徴収する際に徴収額が大きくなり、区分所有者間の合意形成ができずに修繕積立金が不足する事態も想定されるとして、将来に渡って安定的な修繕積立金の積立を確保する観点からは、均等積立方式が望ましいとされています。

組合員の総会出席の要件

それではここで今まで述べてきた、大規模修繕工事や修繕積立金の改定等を決議する「総会」について考えてみましょう。

誰が総会に出席して議決権を行使することができるのかが規約に規定されています。

住戸1戸が数人の共有に属する場合、その議決権行使については、これら共有者をあわせて一の組合員とみなす。（規約第46条第2項）

前項により一の組合員とみなされる者は、議決権を行使する者1名を選任し、その者の氏名をあらかじめ総会開会までに理事長に届け出なければならない。

（規約第46条第3項）としています。ですから、理事長に届け出のあった組合員に総会資料を送付することになります。

法人の組合員の総会での議決権行使ですが、組合員は、書面又は代理人によって議決権を行使することができる。（規約第46条第4項）ですからその法人の代理権限者（法人が指定した者）に総会資料を送付することになります。

ちなみに規約第35条関係コメントでは、法人が区分所有する専有部分があるマンションにおいて、法人関係者が役員になる場合には、管理組合役員の任務に当たることを当該法人の職務命令として受けた者に限定する等どのような資格を有する者が実際に役員業務を行うことができるかについて、あらかじめ規約や細則に定めておくことが望ましい、とされています。管理組合役員の任務に当たることを当該法人の職務命令として受けた者等を選任することが一般的に想定されています。

監査報告書の作成

理事長は、通常総会を、毎年1回新会計年度開始以後2か月以内に招集しなければならないことが規定されています。（規約第42条第3項）最近は新会計年度開始以後3か月以内に総会を開催することを規定しているマンションも多くなりました。いずれにしても、短い期間ですので、業務監査、会計監査を行うのは容易なことではありません。監事は管理組合運営を公平にクリーンに行うための重要な役割を担っています。それゆえ平成28年3月の規約改正で監事の権限が強化され責任も大きい大変重要な役職になりました。

大規模マンションの管理組合の会計の証憑や監査資料は膨大な量になるので、監事を二名体制にしたり、四半期毎に監査を実施したりしているマンションも少なくありません。四半期毎に監査することで不明な点があった場合には理事会に出席したときに不明点をヒアリングして判断することもできますし、改善を要求することが可能になります。業務監査では、事業計画に基づいて事業が行われているのか、作業が実施され完了しているのか等の事実を確かめることや、法定点検や指摘事項の改善工事が完了されているか等確認します。会計監査では、当期予算と当期実績を照合することや未収金の督促などが行われているか、領収書から求めた支払金額と収支報告書に記載されている支出金額と貸借対照表の資産計上額が一致するのか、証憑突合し、支出の合理性を確認する作業を行います。

監事は、管理組合の業務の執行及び財産の状況を監査し、その結果を総会に報告しなければならない。（規約第41条）と規定はありますが、監査報告書の書式についての規定はありません。総会の監査報告書は、管理会社が提示したものを使わなくても問題はありません。多くの場合、持ち回りの監事による監査報告は形骸化しています。

むしろ、監事がどのように監査をしてその結果、どのような問題点や課題点、改善点が見つかったかといった報告書が望ましく、管理会社が作成した定型のヒナ型の監査報告書ではなく、ご自分の言葉で作成することが正しい監査報告書であると思料します。

総会の出席者が少なくて総会が成立しない

通常総会は、毎年1回新会計年度開始以後、規約に規定した日程以内に招集しなければなりません。ですから、予め総会の開催日を掲示版などで3か月前くらいから告知しているマンションもあります。又、管理組合の年間活動表を作成して管理組合活動や行事等への参加を呼び掛けているマンションもあります。

総会の出席率を上げるためにも、日頃の組合運営をスムースに行うためにも、理事会から積極的に情報発信を行い、「マンションの居住者に組合活動を知ってもらう」、「どのような活動をしているか興味を持ってもらう」といったことが大切になります。最近では、広報誌や理事会ニュースの作成方法についても相談を受けますが、手に取って親しみやすい方法が「広報紙」や「理事会ニュース」です。お年寄りから若者まで誰が見ても分かりやすいように「難しい言葉は使わない、難しい漢字や英語は使わない、読みやすい感じにする」などを意識します。マンション管理組合の活動や点検の日などに興味を持ってもらえるように楽しいイラストや写真、を入れる等の見せ方の工夫も大切です。このような方法で作成すると普段の生活の中で目につくので、親しみやすく伝わりやすいと思います。

マンション管理に関心が低い組合員の多い管理組合では、総会の出席表がなかなか提出されず理事長をやきもきさせる場面もあります。

総会にはなるべく多くの組合員の参加が望まれますので、総会開催の3日前くらいには、出席通知、委任状、議決権行使書などを提出していない組合員宅を役員が一軒ずつ訪問や電話をするなど総会の出席の重要性を伝えて出席を促すことも必要でしょう。

総会を円滑に進める秘訣

総会に出席できる資格は、「組合員のほか理事会が必要と認めた者は理事会に出席することができる。」（規約第45条）という規定があるので、厳密にいうと組合員の家族でも理事会が必要と認めないと出席できません。しかしながら、最近総会にご夫婦で一緒に出席することを容認している管理組合の例も少なくありません。そのような場合に賛成等のカウントミスを防止するためには、専有部分の所有者または代表者に青やピンクの色紙を配布して、挙手の際にその色紙を掲げてもらいその数を数えることで正確な数を確認できるように工夫している管理組合もあります。

総会を円滑に進めていくためには段取りが大切です。「段取り八分、仕事二分」と言われるほど、仕事の良し悪しは「段取り」によって決まると言われています。

国土交通省から公表されている「マンション管理標準指針」（以下管理標準指針という）では、「総会で重要な案件については、事前説明会やアンケートにより意見聴取していく。」ことが標準的対応としています。

共用部分の形状又は著しい変更、管理規約の変更、大規模修繕工事の実施等の重要な案件の場合には、特に十分な議論が尽くされる必要性が高いと言えます。総会の議事を限られた時間で効率よく行うためにも、アンケートの実施や事前説明会により、区分所有者が議事を十分理解して総会に臨めることとなり、無用な質疑が避けられるとともに、適切な判断が期待できることからこれを「標準的な対応」としました。重要な案件については、組合員の合意形成を得られるようにアンケートはこまめに実施して、説明会も何回も開催することで組合員の理解も深まりスムースな総会運営が容易になります。総会前に情報提供、意見聴取することが重要です。

総会の時間がダラダラと延びてしまうケー

スもよくあります。時間が予想以上にかかってしまい、出席者がひとり減り、ふたり減り会場から姿を消してゆく光景を目にした経験もあるでしょう。

「長い総会」を効率よくするためには「タイムキーパー」として時間管理を行う担当役員を置く管理組合もあります。長引く総会を効率よく進行させる場合には、この役割が重要になってきます。タイムキーパーは、理事会で予め決めた時間に沿って、時間を告知し会議を円滑に進めます。この「時間の告知」が会議では重要になり、時間の告知を行う事で参加者の集中力をアップさせることや、会議とは関係のない質疑等を防ぐことが可能になります。タイムキーパーがいることで議長は時間を気にしないで総会の議事進行に集中できるというメリットもあります。

標準管理規約と異なる総会の開催日

区分所有法などの法律の規定に関して、そのマンションの管理規約に明記された規約が優先される任意規定と、区分所有法などの法律の規定に関してそのマンションの管理規約で別に定めることができない強行規定があります。

通常総会の開催日や通常総会の招集通知に関しては、任意規定になりますので特に標準管理規約と違っていても問題ありません。しかしながら、通常総会の出席率を上げるためには、招集通知に先立ち、総会の開催の日時や場所が決まってからなるべく早い時期に、区分所有者のスケジュール確保のため総会の開催予告を行うことが望まれます。

「開催予告の目的からすれば、予告の内容

として不可欠な事項は「開催日時」です。また、場所も示すべきでしょう。通常総会の開催予告は、法令や標準管理規約に定めはありませんが管理組合運営上の工夫として広く行われています。

なお、予告の方法についても法令などの定めはないので、掲示、広報誌への掲載等も含めて、管理組合の実情に応じ、より合理的かつ効果的な方法を採用すべきです。臨時総会も可能な限り予告しましょう。」（マンション管理標準指針より抜粋）

注）任意規定とは、ある法律の規定に関して、契約当事者による合意がある場合に、その合意のほうが優先される。（規約で別段の定めができる。）

強行規定とは、ある法律の規定に関して、契約当事者による合意がある場合であっても、その合意よりも優先される法律の規定をいう。（規約で別段の定めができない。）

総会開催とは

分譲マンション（区分所有建物）を購入すると、建物の区分所有などに関する法律に基づいて、購入者は区分所有権を有する区分所有者になり、「全員で建物並びにその敷地及び附属施設の管理を行うため団体を構成し、この法律の定めるところにより、集会を開き、規約を定め、及び管理者を置くことができる。」ようになります（区分所有法第3条）。つまり、区分所有者全員をもって管理組合を構成することになります。

区分所有者はマンション適正化と円滑な共同生活を維持するため、マンションの管理運営・維持・管理を自分達で話し合い判断して実行することになります。この管理組合の最高の意志決定機関が『総会』です。

委任状と議決権行使書

総会は重要な行事です。総会で意見を述べるまではいかなくても、管理組合運営において確認したい事柄がある場合は、質問をして日頃の疑問を解消することも重要です。総会は管理組合最高の意思決定機関です。なるべく多くの組合員が出席して充分に意見を出し合い、組合員の総意で組合運営の意思決定を行うことが本来の姿です。

また、標準管理規約第46条第4項では「組合員は、書面又は代理人によって議決権を行使することができる」、同条第5項では「組合員又は代理人は、代理権を証する書面を理事長に提出しなければならない」と規定されています。代理権を証する書面とはいわゆる「委任状」のことです。

また、出席組合員とは、標準管理規約第47条第5項に「書面又は代理人によって議決権を行使する者は、出席組合員とみなします」ので書面または代理人によって議決権を行使する者と実際に出席する組合員との合計数です。

しかし、実際に総会に出席している組合員の割合を示す「実出席割合」についてですが、理想の割合についてのはっきりした目安はありません。

実出席割合は、議案の内容によっても増減することがあります。

議案が管理規約の制定、変更、廃止や共用部分の形状または効用の著しい変更を伴う場合は、組合員の関心も高く特別多数決議のため実出席者が増えることが考えられます。

総会の出席率は「マンション管理標準指針」では少なくとも半数程度の区分所有者が実際に出席しているのが望ましいとされていることから、毎回半数程度の実出席者の確保を目標値として設定してはどうでしょうか。

総会の重要性について組合員に理解と協力を求め、それぞれの管理組合の実情にあわせて開催場所、開催日時の選定、消防訓練などのイベントや組合員の懇親会と組み合わせるなど組合員が参加しやすいような工夫や手段が必要です。マンションは組合員の共有の財産ということを各組合員が自覚して、積極的に出席するのが望ましい姿です。

総会の委任状

総会は、収支予算、事業計画をはじめとする管理組合の基本方針、重要事項を決する管理組合の原則的意志決定機関とされています。管理組合の基本方針は総会で決議されますので、十分に審議しつくして合意され決議することが望まれますので総会ではできるだけ多くの組合員が出席して、活発な意見交換等を踏まえて各組合員が意志決定を行うのが本来の姿です。一方、区分所有法（第39条第2項）や標準管理規約（第46条第4項）では書面又は代理人によって議決権を行使することを認めています。総会にやむを得ない事情で出席できない組合員はその方法によって議決権を行使することができます。書面による議決権行使の留意点については、標準管理規約第46条関係コメントを参考に作成してください。

総会の白紙の委任状

多くのマンションでは、総会の案内に同封

されている出席票の委任状の欄に、「総会に出席という記載があり欠席の場合には、議長に委任したものとみなします。」、「委任状に記載がない場合には、議長に委任したとみなします。」という記載があります。

いわゆる『白紙委任状』です。

この白紙委任状は法的には問題ないといわれていますが、総会で議場出席している組合員のほとんどが反対しているにも拘わらず、いざ採決に入ると委任状でまるでオセロゲームのように可決されてしまうことでトラブルになるケースが多いのも事実です。

これによって、管理組合の最高の意志決定機関である『総会』が形骸化して議場出席者が減ってしまうことが懸念されます。

総会にやむを得ない事情で出席できない組合員はその方法によって議決権を行使することができます。書面による議決権行使の留意点については、標準管理規約第46条関係コメントを参考に作成してください。

【管理規約第46条関係コメント】

⑤ 書面による議決権の行使とは、総会には出席しないで、総会の開催前に議案ごとの賛否を記載した書面（いわゆる「議決権行使書」）を総会の招集者に提出することである。他方、代理人による議決権の行使とは、代理権を証する書面（いわゆる「委任状」）によって、組合員本人から授権を受けた代理人が総会に出席して議決権を行使することである。

このように、議決権行使書と委任状は、いずれも組合員本人が総会に出席せずに議決権の行使をする方法であるが、議決権行使書による場合は組合員自らが主体的に賛否の意思決定をするのに対し、委任状による場合は賛否の意思決定を代理人に委ねるという点で性格が大きく異なるものである。組合員の意思を総会に直接反映させる観点からは、議決権行使書によって組合員本人が自ら賛否の意思表示をすることが望ましく、そのためには、総会の招集の通知において議案の内容があらかじめなるべく明確に示されることが重要であることに留意が必要である。

⑥ 代理人による議決権の行使として、誰を代理人とするかの記載のない委任状（いわゆる「白紙委任状」）が提出された場合には、当該委任状の効力や議決権行使上の取扱いについてトラブルとなる場合があるため、そのようなトラブルを防止する観点から、例えば、委任状の様式等において、委任状を用いる場合には誰を代理人とするかについて主体的に決定することが必要であること、適当な代理人がいない場合には代理人欄を空欄とせず議決権行使書によって自ら賛否の意思表示をすることが必要であること等について記載しておくことが考えられる。

総会での緊急動議

区分所有法第37条1項に「集会においては、第35条の規定によりあらかじめ通知した事項についてのみ、決議をすることができる。」2項では、「この法律に集会の決議につき特別の定数が定められている事項を除いて、規約で別段の定めをすることを妨げない。」と規定されています。本件のようにあらかじめ通知していない緊急動議は、議案として決議することはできません。このような動議を認めると、総会に何らかの理由で出席しなかった組合員の議決権行使の権利を侵害することになるからです。欠席して議決権行使書により議決権を行使した組合員や委任状により議決権を行使した組合員は、事前に配付された議案書に書かれている議案に対して議決権を行使したのであって、総会の場で新しい議案が提出されて取り上げられて審議採決行うとしたら、当該欠席組合員にとって不意打ちとなりこれらの議決権行使を妨げることになると考えられ混乱が生じます。総会の議長は、あらかじめ通知されている「議案」通りに議事を進行することが適切です。したがって、あらかじめ通知された議案の内容の変更を求めて提出される修正動議も、原則できないと考えられます。

総会の開催回数

総会は、年1回の開催が義務付けられています（区分所有法第34条2項）。したがって、標準管理規約第42条第3項では理事長は通常総会を毎年1回招集しなければならないと規定されています。

通常総会（定期総会）は少なくとも年1回開催して、収支決算、事業報告、収支予算及び事業計画について決議を経なければなりません（標準管理規約第48条1項1、2号、第58条1項）。

通常総会では、次期会計年度の収支予算の承認を得なければならないので、会計年度開始後、速やかに開催する必要があります。

また、収支決算についても、通常総会で報告しその承認を得なければならないので、通常総会の開催時期は会計年度が終了し、決算処理を行うのに要する日数を考慮して決める必要があります。

実務的には規約で、定期総会の時期を定めておくことも必要です。

標準管理規約では、第42条3項で「理事長は通常総会を毎年1回新年度開始以後2ヶ月以内に招集しなければならない。」と規定されています。

4項では、「理事長は、必要と認める場合には、理事会の決議を経て、いつでも臨時総会を招集することができる。」と規定されています。標準管理指針では、管理組合の「標準的な対応」として新会計年度開始後2ヶ月以内に開催することとしています。

なお、総会の招集は理事長が行い、総会の議長も理事長が務めることになります。（標準管理規約第42条第3項、5項）

議事録の作成と保管

総会の議事録の作成は大変重要なものです。このため総会議事録の作成についての相談を数多く受けます。

議事録の作成期限は、区分所有法には明示されていません。

しかし、議事録は、これを保管し、利害関係人の閲覧に供さなくてはなりませんので（法第42条5項：33条の規定を準用）、2週間を目途にできるだけ速やかに作成することが望ましいでしょう。議事録の保管期間については特に定められておりません。しかしながら、一般的に総会議事録などは規約変更に至った経緯や組合員の組合運営に影響を及ぼす事項が記載されている、大切な文書になりますので、永久に保管することが望ましいと考えます。

保管場所や紛失などに配慮して近年書類を電子媒体で保管している管理組合もあります。

標準管理規約第49条には「総会の議事については、議長は、議事録を作成しなければならない」と規定されています。実際には、組合役員や管理会社のスタッフほかが議事録の素案を作成して、それを議長が精査・確認・加筆・訂正し、さらにそれを清書した文書を正式な「総会議事録」としている管理組合も多くあります。

また、標準管理規約第49条2項には「議事録には、議事の経過の要領及びその結果を記載し、議長及び議長の指名する2名の総会に出席した組合員がこれに署名押印しなければならない」と規定されています。議事の経過とは、開会、議題、議案、討議の内容、表決方法、閉会等を指します。また、要領の記載ですので、その内容を逐一記載する必要はなく、経過を要約して記載すれば足ります。

総会の質疑応答での質問者や回答者の部屋番号や氏名を議事録に載せることは必ずしも要件とされていません。

議事録の作成、記載方法について管理組合で協議して細則などを制定しておくことで『もめ事』の防止になるでしょう。

なお、総会の議事録は、作成を怠ったり、本来記載すべき事実を記載しなかったり、事実に反する記載をした場合は、20万円以下の過料に処されますので（法第71条3号）、十分注意してください。

書面による決議

標準管理規約第50条に「規約により総会において決議をすべき場合において、組合員の全員の承諾があるときは、書面による決議をすることができる」と規定されています。これとよく似たもので、総会を欠席する場合に用いられる「委任状」があります。しかし、ここでいう「書面による決議」とは、「書面または電磁的方法による合意」で、集会（総会）において決議すべきものとされた事項について、区分所有者全員の合意があったときは、集会の決議があったものとみなす（法45条2項）というものです。

この方法は、マンション分譲時の原始規約の設定手続に利用されています。

では、「書面による決議」を行うことで定期総会を開催したことになるのでしょうか。「書面（電磁的方法）による決議」および「書面（電磁的方法）による合意」の両方とも集会を開催しないで決議を代替する効果はありますが、法34条2項で規定する「管理者（理事長）は、少なくとも毎年1回の集会（総会）を招集しなければならない」という義務が免除されたことになるわけではありませんので、理事長は別途総会を招集しなくてはなりません。

総会の出席資格

標準管理規約第45条では「組合員のほか、理事長が必要と認めた者は、総会に出席することができる」と規定しています。売買や相続などで所有権を取得した時点で組合員となりますので、売却などで所有権を失えば、その時点で組合員としての資格もなくなります（標準管理規約第30条）。マンションの所有者である限り、管理組合を脱退することは認められません。総会の当日に組合員の資格があることが総会に出席できる資格ですので、総会の案内が配布された後に区分所有者（組合員）変更された場合でも新しい組合員の方に出席資格があります。

総会の出席資格について少し補足しますと、理事長が必要と認めた者は、総会に出席することができるとなっています。理事長が必要と認めた者とは一般的にどのような人なのでしょうか。

標準管理規約45条の関係コメントで「マンション管理業者、管理員、マンション管理士等」と例示しています。また、同条2項では、「区分所有者の承諾を得て専有部分を占有する者は、会議の目的につき利害関係を有する場合には、総会に出席して意見を述べることができる。

この場合において、総会に出席して意見を述べようとする者は、あらかじめ理事長にその旨を通知しなければならない」と規定しています。

したがって賃借人も一定の要件を満たせば総会に出席することが認められています。

役員候補者の選任方法

「理事及び監事は、組合員のうちから、総会で選任する」（標準管理規約35条２項）と規定されていますが、役員候補者の選任方法は具体的に示されていません。

それでは、一般的なマンションではどのような方法で役員を選任しているのでしょうか。

役員の選任について次のような方法が考えられます。

・立候補制：役員候補者を公募して、応募者から役員候補者を選任する方法

・輪番制：各階ごとなどあるグループごとに、順番を決めて持ち回りで役員候補者を選任する方法

・推薦制：現役員や組合員が役員に適している組合員を、役員候補者として推薦する方法
・抽選制：役員未経験者を対象に「公開抽選会」での抽選により役員候補者を選任する方法

ちなみに、平成30年度マンション総合調査では、全体では、「順番」が75・2％、「立候補」が32・9％となっています。

総戸数規模別では、「501戸以上」で、「立候補」が83・8％となっています。

近年は、組合員の高齢化やマンションの賃貸化が進み「役員のなり手」がなく、同じ組合員が長く理事長など役員を続けているマンションも珍しくなくなりました。

また、新しいマンションでは、働き盛りの年代の方が多く日中は忙しい仕事を担当しているため、自宅に帰って管理組合の業務を行うことや、土曜日や日曜日に理事会、管理組合の行事に出席する煩わしさを感じているのも事実でしょう。

役員の職務の軽減をはかる一つの方法として、マンション管理士等専門家を活用し、必要な指導、助言、援助等を受けることも考えられます。

さらに、役員資格者を組合員に限定している（標準管理規約35条2項）ことが多いと思われますが、役員資格の範囲を組合員の配偶者または一親等の親族まで拡げるよう管理規約を改定して、役員の対象者を増やしている管理組合も最近増えています。

なお、急に「役員が転出、死亡その他の事情により任期途中で欠けた場合に備えて、補欠の役員を理事会の決議で選任することができると規約に規定することもできます」（標準管理規約第36条関係コメント③）ので、こ

うしたことも検討することも必要です。

　建物に区分所有者が2人以上いればその建物は当然に区分所有建物となり、その区分所有者は管理組合員になります。それは、「区分所有者は、全員で、建物並びにその敷地及び附属施設の管理を行うための団体を構成し、この法律の定めるところにより、集会を開き、規約を定め、及び管理者を置くことができる。」（区分所有法第三条）に規定されています。区分所有建物（分譲マンション）を所有すると管理組合のメンバーになるわけです。要するにマンション管理組合に強制加入させられるということです。ですから、あの理事長が嫌いだからとか、あの規約が気に入らいないからということで管理組合を脱退することはできません。どうしても管理組合を脱退したいということであれば、そのマンション売却して区分所有者でなくなることです。

　このようなマンションの組合員の立場を理解していない人やそれに気づいていない人が多いのが実情です。マンションを管理する主体は管理組合です。管理組合は年に1回以上は総会を開いて、マンションに関する重要な取り決めを行い、皆さんの大切な管理費や修繕積立金が適正に支出されているかどうかをチェックしなければなりません。その仕組みをうまく機能させるためには、「自分の財産は自分で守る」という気持ちで全ての組合員が「他人事」ではなく「私事」としてとらえることが求められます。

管理会社との上手な付き合い方

マンション管理業務は、極めて広範かつ複雑で、高度の技術や専門性が必要とされます。革新的な設備設計や新たな設備機器の開発により、マンションの設備は、ますます高度化し複雑化しています。一方、管理組合の役員のほとんどがサラリーマン等、本来の職業あるいは業務に就いているのでマンション管理業務に専念することは極めて困難な場合が多くあります。

また、マンション管理業務は、長期にわたる継続性、安定性があって初めて良好な成果が期待できる性格のものであり、管理組合役員が替わる都度、方式、方針が変わっていては、継続性が担保されないだけでなく良好な環境の整備、円滑なコミュニティの維持や向上が難しくなります。

そこで、管理組合役員の職務の軽減と、毎年役員が変わってもマンション管理の質が変わらないように多くのマンションが管理会社にマンション管理業務を委託しています。平成30年度のマンション総合調査では、全体では、「基幹事務を含め管理事務の全てをマンション管理業者に委託」が74・1%であるのに対して、「管理組合が全ての管理 事務を行っている」いわゆる自主管理は6・8%であります。

議事録と管理委託契約書

国土交通省から公表されている、「マンション標準管理委託契約書（以下、管理委託契約書という。）」では、別表第1　事務管理業務　2基幹事務以外の事務管理業務　(1)理事会支援業務、(2)総会支援業務の欄にそれぞれ、理事会議事録案の作成・総会議事録案の作成と記載されています。

ですから、管理委託契約書に基づいて、議事の経過の要領及びその結果を記載した管理会社の担当者が作成する議事録は議事録の素案であって下書きです。それを基に議長（理事長）が内容を精査して加筆・修正などし、総会の場合は総会に出席した2名の組合員、理事会の場合には、理事会に出席した2名の理事がこれに署名して議事録が完成します。

総会や理事会の議長は、管理会社の担当者が作成する議事録案を鵜呑みにしないでご自分の頭の中で考えてご自分の文章で作成することが重要です。

議事録の記載については、管理委託契約書のコメントに次のように記載されています。

29別表　第12関係
③理事会及び総会の議事録は、管理組合の活動の重要な資料となることを踏まえ、マンション管理業者に議事録の案の作成を委託する場合は、その内容の適正さについて管理組合がチェックする等、十分留意する。
議事録については、議事の経過の要点及びその結果を記載する必要がある。「議事の経過」とは議題、議案、討議の内容及び採決方法等を指すが、それらの要点を記載することで足り、すべての発言を一言一句記録するものではない。しかし、議事に影響を与える重要な発言は記録することに留意する。

管理委託契約の内容と認知度

分譲マンションの管理会社と賃貸マンションやオフィスビルの管理会社とでは仕事の内

容が全く違います。賃貸マンションの管理会社は、一般的に家賃の集金と入居者の入居時・退去時の立会い等の主に入居者の管理がメインになります。それに対して、分譲マンションの管理会社は基本的にはマンションの共用部分の維持管理と会計報告、長期修繕計画などの理事会対応が主な仕事です。管理の対象やその内容が異なるのです。

分譲マンションの管理会社の管理委託契約内容の認知度ですが、平成30年度のマンション総合調査では、全体では、「だいたい知っている」が58・5％、「よく知っている」が16・8％で、合計75・3％の区分所有者が知っていると回答しています。

入居後の共用部分の維持管理を考慮した程度別では、共用部分の維持管理に対する考慮の程度が高いほど管理委託契約内容の認知の程度が高くなっています。

また、同マンション総合調査の、『管理事務を管理業者に委託することへの意向』の調査の全体では、「任せても良いが、その方針は管理組合で決めるべきである」が74・2％、「マンション管理業者に全て任せた方が良い」が19・5％となっています。

年齢別では、年齢が高くなるほど「マンション管理業者に任せるべきではない」の割合が高くなる傾向があります。

管理会社の業務の範囲

平成30年度マンション総合調査のデータでは全体では、滞納（6ヶ月以上）住戸がある管理組合は15・2％である。滞納住戸割合は「1％超2％以下」が5・3％と最も多く、次いで「1％以下」が5・0％となっています。

完成年次別では、完成年次が古くなるほど滞納（6ヶ月以上）住戸がある管理組合の割合が高くなる傾向にあります。

一般的に、管理費等の滞納が発生した場合、事務管理業務を管理会社に委託している管理組合では、前月における会計の収支状況に関する報告を管理会社は書面で行いますので管理費等の滞納状況を明確に把握しておくことが理事会としては必要です。そして管理会社を通じて、書面や電話・訪問などにより支払いが遅れている旨を知らせて督促することになります。また、弁護士法第72条の規定を踏まえて、債権回収はあくまでも管理組合が行うことが基本であることに留意しつつ、マンション管理会社と事前に協議が整っている場合には、管理会社名義の配達証明付内容証明郵便による督促等について管理会社に委託することも可能です。

管理会社は、管理費等の督促結果を管理組合に督促状況と合わせて書面で報告することになっています。管理会社からの報告で回収できない旨の報告があれば、管理組合理事会の役員が督促を行うことになります。訪問の場合は、複数の役員で行動するとともに、滞納や支払いについての支払計画書や滞納していることの承認書を提出してもらい時効を中断しておくことが大切です。

それでも回収できないときには、理事会決議で未納の管理費等請求に関する訴訟その他法的措置を追行します。

また、管理会社は、管理事務を行うため必要なときは、管理組合の組合員及びその所有する専有部分の占有者に対し管理組合に代わって行為の中止を求めることができる旨が管理委託契約にうたわれています。共同生活秩序を乱す行為や建物の保存等の有害行為を行うものに管理委託契約に基づき中止を求めても組合員などがその行為を中止しないときは、管理会社はその責を免れるものとし、その後の中止などの要求は管理組合が行うものと規定されています。

このように、管理委託契約書においては、管理費等の督促業務、組合員等の有害行為の中止要求は、管理会社は初期対応を行うものの、一定の効果が得られないときには、管理会社は免責されることになっています。

その後は、引き続いて管理組合が行うことになります。

また、上下階など騒音トラブルのような、居住者間のトラブルについては原則、当事者間で解決するのが一般的なルールです。管理組合や管理会社は仲裁や和解を勧めません。

（注）弁護士法第72条の規定
（非弁護士の法律事務の取扱い等の禁止）

弁護士又は弁護士法人でない者は、報酬を得る目的で訴訟事件、非訟事件及び審査請求、異議申立て、再審査請求等行政庁に対する不服申立事件その他一般の法律事件に関して鑑定、代理、仲裁若しくは和解その他の法律事務を取り扱い、又はこれらの周旋をすることを業とすることができない

小規模マンションの管理委託

管理組合がソフト・ハード両面にわたる管理業務を行うに当たっては、自主管理・一部委託管理・一括委託管理の三つの方法があります。それぞれ長所、短所がありこの中で管理組合として最も合理的かつ経済的で信頼の

できる管理方式を選択することになります。

管理を管理会社に委託していないいわゆる自主管理のマンション管理組合では、管理会社に委託する方式に比べて割安になります。反面、マンション内の個人的トラブルの解決について心理的、時間的な苦痛が伴うことや組合員個人の労力及び時間がかなりの負担になることから、自主管理方式のマンションは最近は減少傾向になっています。

一部委託方式というのは、自主管理方式の一種といわれていますが、会計等事務管理業務のみを専門業者に委託する方式です。専門業者に委託した分労力と時間の負担は軽減できますが、費用の負担が増加します。また、委託業務の選択及び委託業務の管理監督などの業務が増加します。

管理会社によっては、こういった一部委託方式の契約でも引き受けてくれるところも最近は増えているようです。一括管理方式は、ほとんどのマンション管理組合が採用している、管理業者に委託契約に従ってほとんどの業務を任せる方式です。

管理会社の専門的知識や客観的なアドバイザーとしてのマネジメントを受けることができます。しかし、自主管理に比べると費用が割高になります。

国土交通省の平成30年度マンション総合調査によれば、マンショントラブルの処理方法として「管理組合内で話し合った」が58・9%と最も多く、次いで「マンション管理業者に相談した」が46・5%、「当事者間で話し合った」が19・4%となっています。

マンション管理業者に関する法律

マンション管理業とは「管理組合から委託を受けて、業として分譲マンションの『管理事務』を行なうこと」であると定義しています（マンション管理の適正化の推進に関する法律第2条7号）。同法に定める国土交通省に備えるマンション管理業者登録簿に登録を受けてマンション管理業を営む者を「マンション管理業者」と定義しています。同法は、「基幹事務」を管理業者の三大必須業務として特に「マンションの維持管理又は修繕に関する企画又は実施の調整」について、補助業務ではなく本来業務として、アドバイスやコンサルティングを行うことを「基幹事務」の一つとして位置付けました。

なお、管理事務には、警備業法に定める警備業務、消防法に定める防火管理者が行う業務は含まれません（標準管理委託契約書コメント全般関係③）。

上記で説明したように、管理委託契約書でいう「管理事務」とは、「基幹事務」を含む場合だけを指すものです。

このため、単に建物管理員業務や清掃業務だけを行なう場合は、上記の「基幹事務」を行なわないので、「管理事務」に該当しません。

したがって、マンション管理適正化法上は「マンション管理業」に該当しないことになります。

なお、マンション管理業を行なう場合には、国土交通大臣への登録を行なう義務があります。この登録をしないでマンション管理業を行なった場合には、1年以下の懲役または10万円以下の罰金の対象となります。管理会社にマンション管理の委託業務契約を締結する場合には国土交通省に登録していることを確認することが大切です。

また、管理業者の会社を訪問して、実際にご自分の目で会社の雰囲気や社員教育施設などが充実していることを確認することをお薦めします。

管理業者の選定についての相談は多く寄せられます。

管理業者を変更するには、時間と労力が必要です。

また、管理業者を変更することで必ずしも管理の質が向上するとは限りません。管理会社を変更してマンションの居住者とトラブルになった例も聞きます。

管理業者の変更は最後の手段です。管理業者の変更を検討する前に組合員の管理に関する意識を変えることが必要なこともあります。

管理組合の組合員は、マンション管理に関しては素人なので、プロである信頼できる管理会社にすべてお任せすれば、安心で手間もかかりません。しかし、マンション管理の主体は管理組合です。主体という意味は辞書をひくと『自分の意志・判断によって、自ら責任をもって行動する態度や性質。』とか『中心的な役割を果たす。』とあります。管理組合が中心的役割を果たすことで、組合員の自意識が高まり、管理に関する意識が向上します。それによってマンションの居住価値が上がります。マンションの管理業者に対する不満として、管理業者の提案力がないことが挙げられています。マンション管理は、時間や労力だけではなく、法律の知識、建物の知識、設備の知識等高い専門性と客観的なアドバイザーとしての管理会社のマネジメント能力がマンションの資産価値を左右する時代になってきました。読者の皆さまは、質の高い管理業者をパートナーに選び、その管理業者と信頼関係を構築して居住価値、資産価値を高めて地域一番のマンションを目指しましょう。

管理会社への
管理委託

分譲マンションの共用部分の管理方式には、管理組合自ら行う『自力管理方式』と『業務委託方式』があります。近時のマンション管理業務は、極めて広範かつ複雑で、しかも高度な技術や専門性を必要とし、革新的な設備設計や新たな設備機器の開発により、マンションの設備は、ますます高度化し、複雑化しています。

一方、本来の職業に就いている区分所有者が管理組合員として管理業務に専念することは困難な場合が多くあります。

そのような事情から我が国のほとんどのマンション管理組合では会計の収入、支出の調停などを行う基幹事務業務、管理員業務、建物・設備点検業務等すべてを管理会社に委託しています。管理会社に全く委託しないですべての事務管理業務を組合員だけで行なっているいわゆる『自立管理』や『自主管理』と呼ばれているマンションはわずかに数パーセントです。そして、管理会社と管理組合が締結する委託契約書は国土交通省でその標準的な契約指針として策定され公表している『マンション標準管理委託契約書』を雛形としています。管理業者と締結する委託契約書のマンション標準管理委託契約書への準拠状況は、『概ね準拠している』が88・8%、『一部準拠している』が1・3%『全く準拠していない』が1・5%となっています。

マンションの多くが、『業務委託方式』を採用しています。しかしながら、平成13年には「マンションの管理の適正化の推進に関する法律」が制定され「マンションの管理の適正化に関する指針」には適正な管理や管理組合運営への参加などが明記されています。マンション管理の主体は管理組合であり、管理組合は長期的な見通しを持って、適正な運営を行うことになります。

管理組合の構成員である区分所有者は、管理組合運営への積極的な参加、役割を適切に果たすように勤めることが規定されています。管理業者から１００％のサービスの提供を受けるという受け身ではなく、組合員もその一翼を担うという気持ちが必要です。『マンション管理の主体は管理組合』であることを再認識していただき、すべてをマンション管理業者任せにすることなく、組合員全員で協力し、管理組合運営の活性化などに努めることが期待されます。

過去に弊所に寄せられた相談事例から「管理会社との管理委託に関する相談」について考えてみたいと思います。

マンションの情報開示

宅地建物取引業法第35条では、売買契約が成立するまでの間に、「購入予定者に対して購入物件にかかわる重要事項の説明をしなければならない。」と定めています。マンションの所有者から専有部分の売却の依頼を受けた宅地建物取引業者は、契約締結までに「重要事項説明」を行うために、当該組合員が所有する専有部分の売却などを目的とする情報収集をしなければなりません。

マンション標準管理規約第64条第1項では、「理事長は、会計帳簿、什器備品台帳、組合員名簿及びその他の帳票類を、書面又は電磁的記録により作成して保管し、組合員又は利害関係人の理由を付した書面又は電磁的方法による請求があったときは、これらを閲覧させなければならない。

　この場合において、閲覧につき、相当の日時、場所等を指定することができる。」としています。

　また、同規約のコメントでは、組合員から媒介の依頼を受けた宅地建物取引業者等は利害関係人としています。

　このために、管理組合は宅地建物取引業者へ管理規約等の提供・開示をすることになります。標準管理委託契約書第14条では、マンション管理業者に対して宅地建物取引業者が当該事項の確認を求めてきた場合及び所有する専有部分の売却等を予定する組合員が同様の確認を求めてきた場合の対応を定めています。

　管理組合がマンションの管理をマンション管理業者に対して委託する際に、管理組合とマンション管理業者との間で締結される管理委託契約では、「別表第5」で「宅地建物取引業者などの求めに応じて開示する事項」として、マンション名称、共用部分関係、駐車場の区画のこと、管理組合の収支関係、専有部分規制関係、ゴミ出しに関する情報等その専有部分の売却等の依頼を受けた宅地建物取引業者から開示を求められると予想される事項ほとんどを網羅していますが、実際の契約書作成に当たっては、「単棟型」・「団地型」・「複合型」により、また管理規約などの管理規定や関係図書などの保管状況に応じて適宜追加、修正、削除することになります。

　しかし、マンション管理業者が提供・開示できる範囲は、原則として管理委託契約書別表5に定める範囲となります。「一般的にマンション内の事件、事故等の情報は、売主又は管理組合に確認するよう求めるべきである。」（標準管理委託契約書第14条の関係コメント）としています。本来宅地建物取引業者への管理規約等の提供・開示は管理組合又は売主たる組合員が行うべきものであるため、これらの事務をマンション管理業者が行う場合には、管理規約等においてその根拠が明確に規定されていることが望ましいです。（標準管理委託契約書第14条の関係コメント）
　マンション管理業業者による提供、開示できる範囲は、原則として管理委託契約書で定める範囲になります。管理組合はこの内容を参考にして、その根拠を明確にして、その範囲については交付の相手方に求める費用等とあわせ細則に定めておくとよいでしょう。

管理会社の管理費等の督促

　各区分所有者から徴収する管理費等について滞納が長期化すると、管理組合会計が圧迫され、管理業務が予定通り実施できず、管理組合運営や資産の保全に重大な影響を及ぼします。従って滞納管理費等の徴収については、積極的な対応が必要です。

　マンション標準管理委託契約書では、事務管理業務として別表第一に、管理費等の滞納者に対する対応が規定されています。毎月管理組合の管理費等の滞納状況を管理組合に報告することや、組合員が滞納したときに最初から起算して一定の期間（管理会社と定めた期間）電話もしくは自宅訪問又は督促状の方法によりその支払いの督促を行うことが規定されています。ですから管理会社はこの契約に基づいて上記の方法で督促を行うことになります。管理会社の担当者（フロント）に、督促方法やその実施日、回数などの報告を受けながら理事会も積極的に協力することも必要です。管理会社との協力方法について、管理会社と協議する必要があります。

しかしながら、滞納管理費等の回収はあくまで管理組合が行うということに留意する必要があります。

そのため、協力内容は、※弁護士法第72条の規定を踏まえて行うことは当然です。又、管理組合名義による配達証明付内容証明郵便による督促状の費用、弁護士相談費用等の負担に関し具体的に規定してください。

加えて、滞納状況を把握するための会計書類は、プライバシーの侵害にならないように、例えば、管理組合の総会で決算資料として報告する場合には、滞納者名は伏せるような配慮をするなど、その取扱いには充分に注意することは言うまでもありません。

24時間有人管理と住み込み管理員

築年数が30年から40年位のマンションでは、管理員がマンションの一室に居住して管理員業務を行う、いわゆる「住み込み管理員」のマンションは少なくありません。このようなマンションが竣工された当時は、現在のようにマンションにセンサーを設置して、設備の異常、不審者の建造物侵入や火災等の異常を機械で察知し、その発報を遠隔地 で受信し、警備員が現場へ急行し初期対応をとる機械警備システムが完備されていなかったことから、管理員も一緒に住んでいるという安心感が居住者の安心をサポートする住み込み管理員方式を多く採用されていたようです。とはいうものの、管理員業務の時間は、管理委託契約の中で規定されているので、24時間管理員が常駐しているとは限らないのです。

管理員も管理会社に雇用されていることから、休日を取ったり、勤務時間以外はマンションを離れたりすることができます。

ですから、基本は通勤方式の管理員と勤務時間は同じなのです。

ただ、実態として管理員の家が同じ屋根の下にあるということになります。また、管理会社を変更した場合など通勤の管理員に契約を変更することがあるため住み込みで管理員を求職する方が最近はめっきり少なくなり、良い人材が集まり難いとも言われています。

一方、管理員が住み込むのに使用していた部屋は、規約共用部分になるので維持費等を管理組合で負担する場合もありますので経費も掛かります。近時、警備会社によるオンライン機械警備や管理会社の24時間コールセンターサービスを利用することで、安価で確実なサービスができるようになってきました。

そのような事情から、住み込み管理員方式を通勤方式に変更するマンションが多くなっています。管理員の居室の利用法としては、築年数が経過したマンションの場合には、専有部分の大幅なリフォームを行う住戸があるので、その際に仮住居として利用できるゲストルームに転用したり、集会室として利用したりして組合員に有効な活用をしているマンションが増えています。

マンション管理業者の義務

外部に委託する管理業務の種類及び内容などを決めて、これを管理会社に委託する場合、管理組合は管理会社と管理委託契約を締結することになります。法律的には、委託する業務が管理事務である場合又は管理事務を含む管理組合の全般にわたる場合の管理委託契約は委任契約であるといわれています。

管理委託契約を締結した場合、マンション管理会社の義務として、「契約履行責任」と「善管注意義務」が発生します。

契約履行責任義務とは、管理会社は管理委託契約に基づいて、管理組合から委託された業務を契約に定めるとおり履行しなければならないということです。

委託業務の不履行には、履行遅滞、不完全不履行、履行不能とありますが、マンション管理会社の業務不履行の多くは履行遅滞か不完全不履行です。

継続的及び反復的に行う事務管理業務は、履行遅滞が生じやすく、業務の完全な履行を目的とする清掃業務や設備管理業務において生じやすいので、理事は、管理会社から毎月報告される管理委託業務の処理報告をしっかりチェックして履行の確認をしなければなりません。もうひとつの、善管注意義務とは、「受任者は委任の本旨に従い、善良な管理者の注意をもって、委任事務を処理する義務を負う。」と定められています。「善管注意義務」とは、「委任を受けた人の職業、地位、能力において一般的に要求される平均人としての注意義務」をいいます。要するに、マンション管理会社は専門家として注意を払って管理を行うということです。

なお、マンション管理会社は法律で「商人」であるので、商法第５０５条の適用を受け、委任の本旨に反しない範囲内において、委任を受けていない行為もすることができるとされています。また、（マンション適正化法第70条）では「マンション管理業者は、信義を旨とし、誠実にその業務を行わなければならない。」としています。

管理業務主任者の義務

管理業務主任者は、マンション適正化法に定める重要事項の説明（同法第72条）をはじめ、受託した管理業務の処理状況のチェックやその報告までを含むマンション管理の重要なマネジメント業務を担います。

管理業務主任者の具体的な業務は、次の事項がマンション管理適正化法に定められています。

1・説明会において、区分所有者等に対する管理委託契約の内容及びその履行に関する重要事項の説明（同法第72条）

2・重要事項を記載した書面及び契約成立時の書面に対する記名押印（同法第72項第5項、第73条第2項）

3・管理者等又は区分所有者等に対する管理事務に関する報告（同法第77条）

以上の項目に抵触しない場合であれば、総会や理事会に出席して、管理組合の依頼に応じて、意見を述べることや、アドバイスをすることは、問題ありません。

平成28年3月に標準管理規約が平成23年7月以来5年ぶりに改正され、管理状況などに関する情報の開示に係る規定が整備されたことを受け、7月に「マンション標準管理委託契約書」及び「マンション標準管理委託契約書コメント」の改正が行われました。

マンション管理業者が、宅地建物取引業者等からマンションの管理状況など区分所有者が専有部を売却する際に必要となる情報の提供依頼を受けた場合に、開示する情報項目の充実を行いました。

マンション管理の主体はマンション管理組合です。

管理業務を管理会社に委託する場合においても、組合員全員が管理組合を構成して管理を行うものであることには変わりはありません。

管理に関する意思決定は、規約または集会の決議によって行われ、管理者がそれを実行するのであって、その管理者が実行する事実行為としての業務を管理会社に委託するにすぎません。その会社から、１００％サービスを受けるというだけではなく、組合員もその一翼を担うという気持ちが大切です。

共用部分なのに

特定居住者が**利用**できる

専用使用権のある

共用部分もある

区分所有法では、第11条に「共用部分は区分所有者全員の共有に属する。・・」という規定があります。

分譲マンションなどの区分所有建物における、各区分所有者の専有部分に属さない建物の部分（廊下・階段等）、専有部分に属さない建物の付属物（配管等）、規約により共用部分とされた付属の建物（物置・車庫等）。原則として区分所有者全員の共有です。

区分所有者全員の共有なので各共有者は共有物の全部に付きその持分に応じた使用をすることができます。マンションの共用部分では、その一部を特定の区分所有者が使用できる専用使用権のある共用部分があります。

1階にある集合ポストは、集合ポスト全体は共用部分ですが、その集合ポストの中の101号室のポストは101号室の区分所有者が排他的に使用できます。それを専用使用権のある共用部分といいます。

専用使用権のある共用部分は、ほかに各住戸に接するバルコニー、各住戸に付属する玄関扉、窓枠、窓ガラス、1階の専用庭等があります。

駐車場、駐輪場、バイク置き場は、特定の区分所有者に使用契約により専用使用することができます。その場合は使用細則等、別に定めるところにより管理組合に使用料を納入することになります。

それでは、その専用使用権のある共用部分の維持管理の費用負担は、管理組合、区分所有者どちらが負担するのでしょうか。

標準管理規約では第22条に「共用部分のうち各住戸に附属する窓枠、窓ガラス、玄関扉その他の開口部に係る改良工事であって、防犯、防音又は断熱等の住宅の性能の向上等に資するものについては、管理組合がその責任と負担において、計画修繕としてこれを実施するものとする。」としています。

要するに、日常的な維持管理はそれを使用する区分所有者もしくは居住者が行うことになります。性能を向上に資する改良工事などの計画修繕（大規模修繕）として実施する場合には管理組合が負担することがあります。

しかしながら、日常的な維持管理の範囲が明確ではないことから、費用負担についてトラブルになることが多いので、専用使用権のある共用部分の補修費など費用負担は、細かいルール（使用細則）などを作成して、このような場合は、管理組合、このような場合には区分所有者が負担することを明確にすることで、トラブルを防止することができるでしょう。

財産の分別管理

一部の管理業者による横領事件等が発生し管理組合の財産が損なわれる事態が色々なマンションで発生しました。

また、管理組合員から徴収した管理費や修繕積立金の管理組合の大切な財産と管理会社の固有の財産が正しく分別管理されていないと管理業者がその資金を流用することが考えられます。その管理業者の経営が破綻して倒産したときに流用された管理組合の資金は戻らなくなってしまいます。

そのような事態を防止するため、平成13年にマンション適正化法が施行されてマンション管理業者に管理費、修繕積立金等出納業務を委託する場合に管理組合の財産が損なわれないように管理組合の財産についても財産管理が定められており、標準管理委託契約書の内容もそれに沿った内容のものでした。

しかしながら、その後も管理業者による管理組合の財産が横領される事件が多発していることから、マンション適正化法の施行規則に定める分別管理の方法等が平成21年5月に改正され平成22年5月1日施行されました。

それにより標準委託契約書も見直しが行われました。

平成30年度のマンション総合調査では、この標準管理委託書に概ね準拠している管理組合は、94・6％に達しています。

マンション適正化法

第七十六条（財産の分別管理）

第七十六条　マンション管理業者は、管理組合から委託を受けて管理する修繕積立金その他国土交通省令で定める財産については、整然と管理する方法として国土交通省令で定める方法により、自己の固有財産及び他の管理組合の財産と分別して管理しなければならない。

マンション管理業者による下記の行為は禁止されています。

1）マンション管理業者が管理組合等の預貯金を管理業者の判断で払出すこと

2）マンション管理業者によるキャッシュカードを保管することやインターネットバンキングのパスワードの保持等してマンション管理業者が管理組合等の預貯金を管理業者の判断で払出すこと

3）マンション管理業者による通帳と印鑑の一緒に保管すること

平成21年に改正された分別管理方式

第87条第6項

この条において、次の各号に掲げる用語の意義は、それぞれ当該各号に定めるところによる。

一　収納口座　マンションの区分所有者等から徴収された修繕積立金等金銭又は第1項に規定する財産を預入し、一時的に預貯金として管理するための口座をいう。
二　保管口座　マンションの区分所有者等から徴収された修繕積立金を預入し、又は修繕積立金等金銭若しくは第1項に規定する財産の残額（第2項第1号イ若しくはロに規定するものをいう。）を収納口座から移し換え、これらを預貯金として管理するための口座であって、管理組合等を名義人とするものをいう。
三　収納・保管口座　マンションの区分所有者等から徴収された修繕積立金等金銭を預入し、預貯金として管理するための口座であって、管理組合等を名義人とするものをいう。

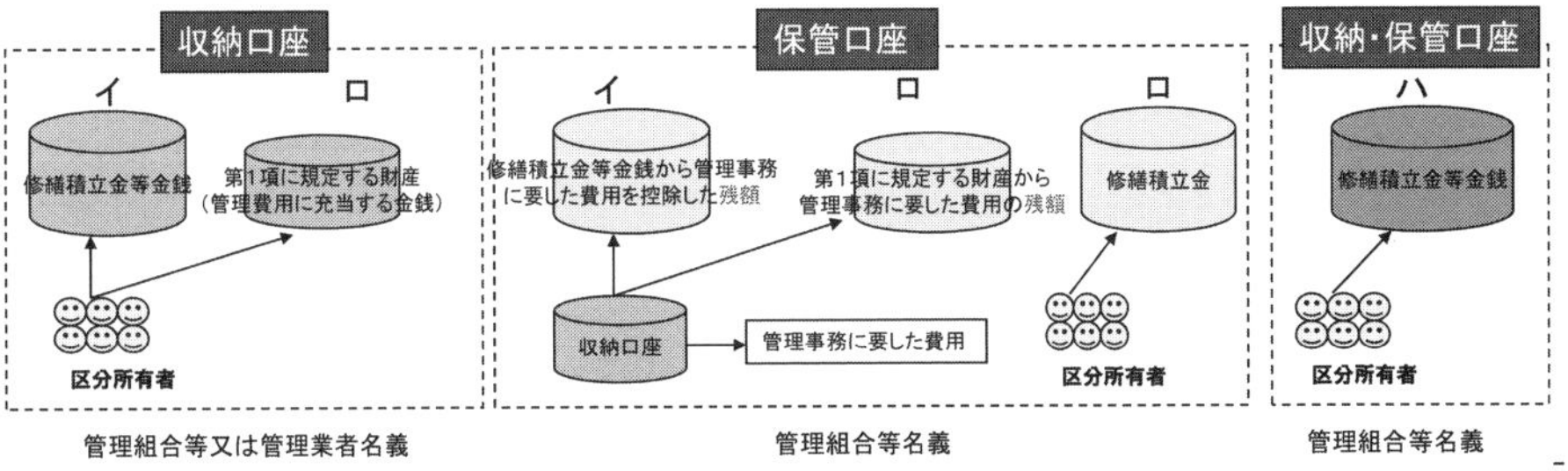

第87条第2項第1号　イ　の方法

一　修繕積立金等が金銭である場合　次のいずれかの方法

イ　マンションの区分所有者等から徴収された修繕積立金等金銭を収納口座に預入し、毎月、その月分として徴収された修繕積立金等金銭から当該月中の管理事務に要した費用を控除した残額を、翌月末日までに収納口座から保管口座に移し換え、当該保管口座において預貯金として管理する方法

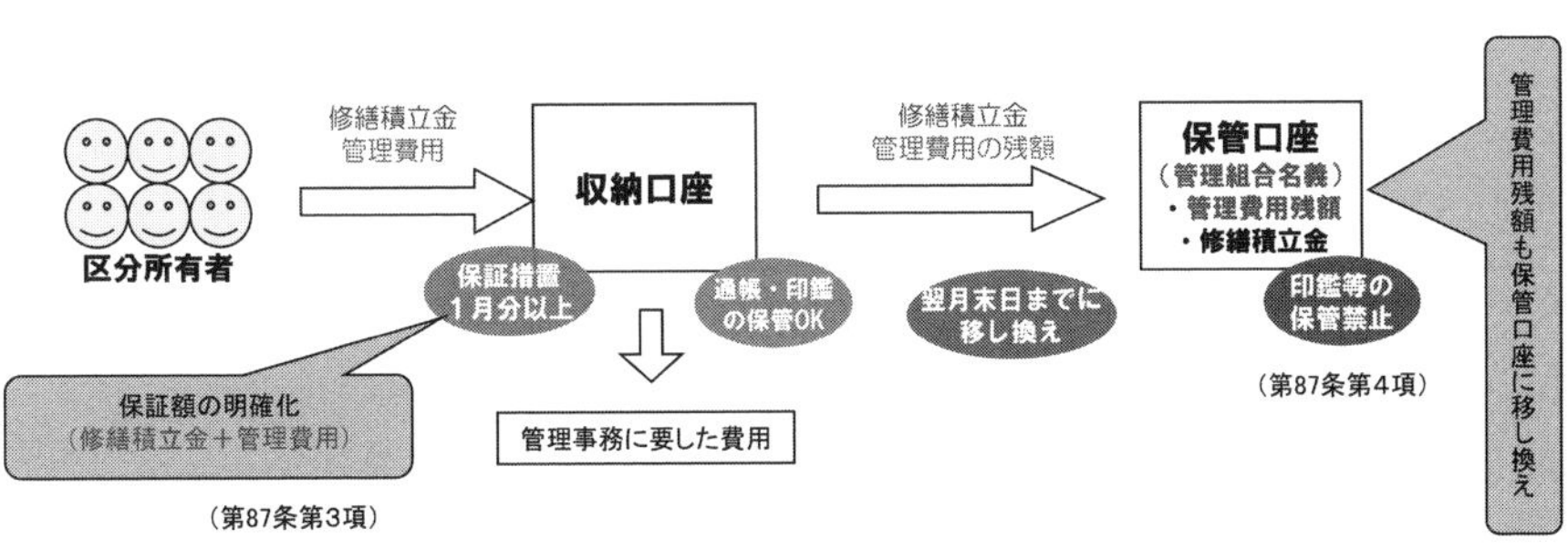

平成21年に改正された分別管理方式

出典：国土交通省ホームページ

第87条第2項第1号　ロ　の方法

一　修繕積立金等が金銭である場合　次のいずれかの方法

ロ　マンションの区分所有者等から徴収された修繕積立金（金銭に限る。以下この条において同じ。）を保管口座に預入し、当該保管口座において預貯金として管理するとともに、マンションの区分所有者等から徴収された前項に規定する財産（金銭に限る。以下この条において同じ。）を収納口座に預入し、毎月、その月分として徴収された前項に規定する財産から当該月中の管理事務に要した費用を控除した残額を、翌月末日までに収納口座から保管口座に移し換え、当該保管口座において預貯金として管理する方法

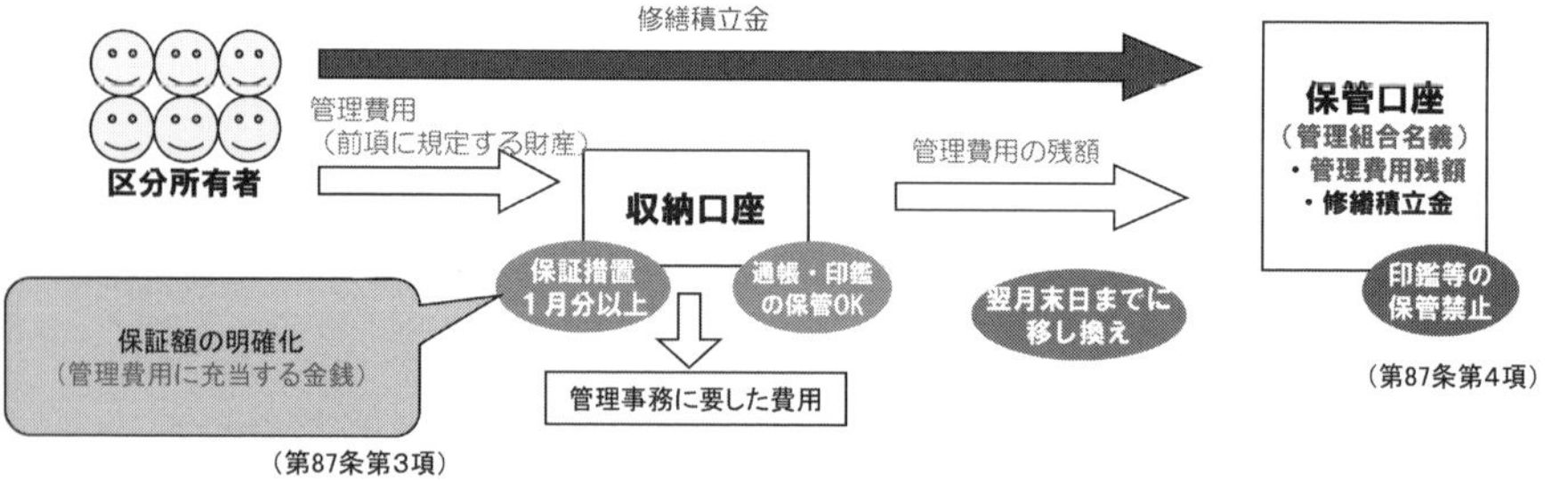

第87条第2項第1号　ハ　の方法

一　修繕積立金等が金銭である場合　次のいずれかの方法

ハ　マンションの区分所有者等から徴収された修繕積立金等金銭を収納・保管口座に預入し、当該収納・保管口座において預貯金として管理する方法

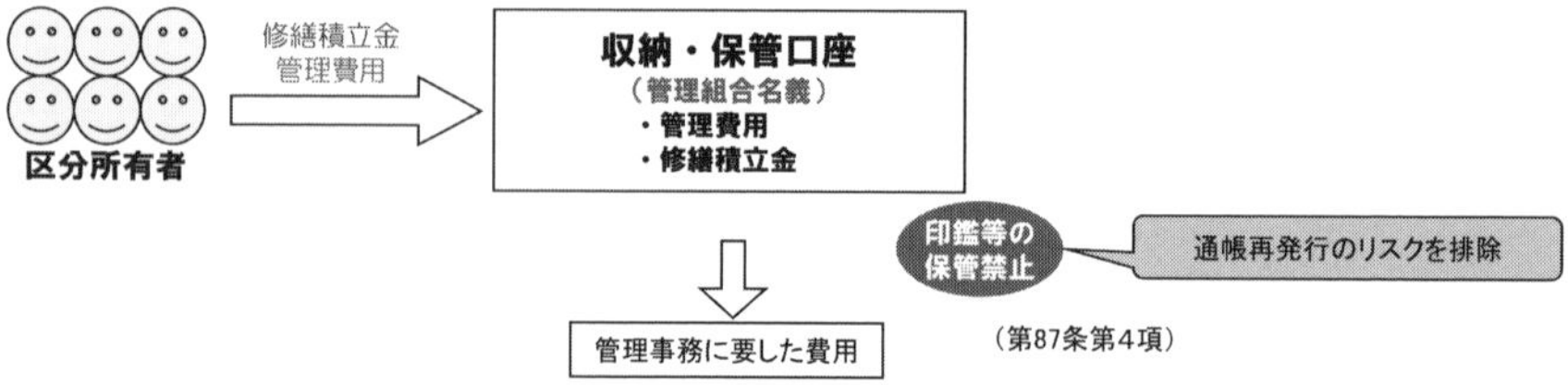

平成 21 年に改正された分別管理方式

第87条第3項

3　マンション管理業者は、前項第1号イ又はロに定める方法により修繕積立金等金銭を管理する場合にあっては、マンションの区分所有者等から徴収される一月分の修繕積立金等金銭又は第1項に規定する財産の合計額以上の額につき有効な保証契約を締結していなければならない。ただし、次のいずれにも該当する場合は、この限りでない。

一　修繕積立金等金銭若しくは第1項に規定する財産がマンションの区分所有者等からマンション管理業者が受託契約を締結した管理組合若しくはその管理者等（以下この条において「管理組合等」という。）を名義人とする収納口座に直接預入される場合又はマンション管理業者若しくはマンション管理業者から委託を受けた者がマンションの区分所有者等から修繕積立金等金銭若しくは第1項に規定する財産を徴収しない場合

二　マンション管理業者が、管理組合等を名義人とする収納口座に係る当該管理組合等の印鑑、預貯金の引出用のカードその他これらに類するものを管理しない場合

イ又はロの場合は、原則として**保証契約の締結が必要**

★必要な保証額とは、収納口座**に預入される**1月分の合計額以上

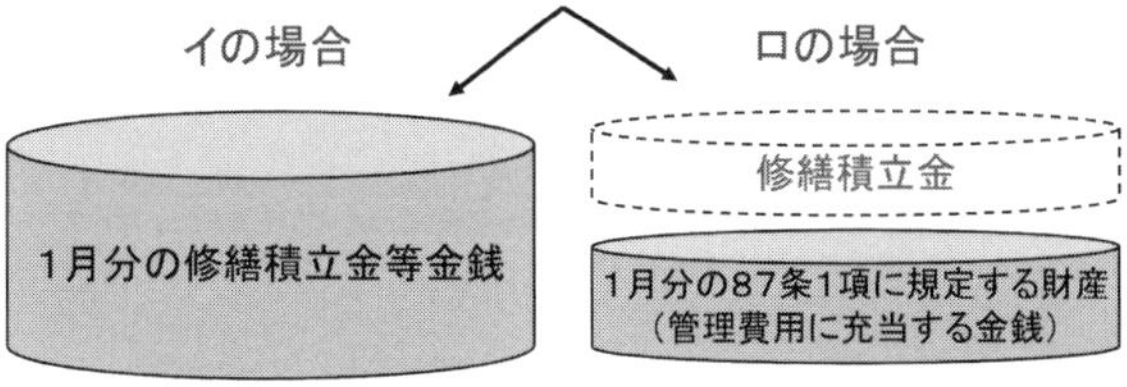

保証契約を締結する必要がない場合とは

①修繕積立金等金銭が管理組合等名義の収納口座に直接預入される場合又はマンション管理業者等が修繕積立金等金銭を徴収しない場合

②管理組合等を名義人とする収納口座の印鑑等を管理しない場合

①と②のいずれにも該当する場合のみ

管理費等滞納の問題

マンションの管理に要する費用負担は、区分所有法第19条で「各共有者は、規約に別段の定めがない限りその持ち分に応じて、共用部分の負担に任じ、共用部分から生ずる利益を吸収する。」と規定しています。

各組合員から毎月徴収する管理費や修繕積立金、駐車場使用料、駐輪場使用料などの滞納は長期化すると回収が困難になる場合があります。

また、長期化することで、管理組合の資金が圧迫されて、修繕など管理組合業務に支障が出るばかりではなく、真面目に支払っている組合員から不公平感が生まれ滞納する組合員が増えることになりかねません。

未収金の徴収については、迅速な積極的な対応が必要なことは言うまでもありません。

また、マンションによっては、滞納の遅延損害金の利率等を規定していないマンションもありますが、消費者契約法9条2号の規定や国税の遅延損害金と同じ年利14・6%を規定しているマンションが多いように思います。

遅延損害金の規定とともに標準管理規約第60条2項では「違約金としての弁護士費用並びに督促費用及び徴収の諸費用を加算して、組合員に請求できる。」という規定があります。

マンションの管理標準指針では、管理費等の滞納状況の把握にかかる管理組合の「標準的な対応」として「未収金明細書等の滞納住戸が把握できる会計書類を作成している。」としています。その会計書類については、管理会社が作成しているマンションが一般的です。その会計書類の取り扱いについては、プライバシーや個人情報に充分に配慮することが必要です。

ですから、理事会議事録を全戸に配布している管理組合や総会などで会計資料として未収金の報告する場合には、その滞納者が特定されないように配慮が必要です。

管理会社は管理委託契約書に基づいて管理費等の督促を行いますが、その督促する期間は永遠ではありません。標準管理委託契約書の別表第1事務管理業務②管理費等の滞納者に対する督促では、

> 一　毎月甲の組合員の管理費の滞納状況を甲に報告する。
>
> 二　甲の組合員が管理費等を滞納した時は最初の支払期限から起算して、○月の間、電話若しくは自宅訪問又は督促状の方法により、その支払の督促を行う。
>
> 三　二の方法により督促しても甲の組合員がなお管理費を支払わないときは、乙はその業務を終了する。

としています。

ですから、最終的には管理組合が未収金の回収を行うことになります。

管理組合が督促業務を行うフローチャートは次のとおりです。

滞納管理費などの回収のための措置

回収のための手順

- 1ヶ月目　電話・書面（未納のお知らせ文）による連絡
- 2ヶ月目　電話・書面（請求書）による確認
- 3ヶ月目　電話・書面（催告書）
- 4ヶ月目　電話・書面・自宅訪問
- 5ヶ月　電話・書面（内容署名郵便（配達記録付）で督促）

理事会で法的措置を決議することが可能

管理費滞納の法的措置

- 内容証明郵便の督促

内容証明が郵便が到達6か月以内に訴訟、差し押さえ等法的措置を講ずるか滞納者から未払金が存在する旨の承認を受けなければ時効は中断しない。

- 支払い督促の申立て

民事訴訟法上の督促手続きで債務者が異議申し立てをすると通常訴訟に移行する

- 少額訴訟の提起

訴額が60万円以下の金銭支払い請求事件に限り利用することができる。

所在不明の場合は利用ができない。少額訴訟では公示送達は利用できない。

- 通常訴訟の提起

滞納額（請求額）が140万円までが簡易裁判所、140万円を超える場合は地方裁判所

滞納管理費などの回収で知っておきたいこと

- **管理業者の督促**

最初の支払期限から起算して○月の間電話若しくは自宅訪問又は督促状の方法により行う。その結果、滞納管理費などを支払わないときは管理業者はその業務を終了する。

- **遅延損害金請求等の定め**

区分所有者が管理費等を期限まで支払わない場合、遅延損害金を請求することができます。遅延損害金の利率を設定して、必ず請求すること。

- **弁護士費用、督促などの諸費用の請求**

滞納者に対し、違約金として弁護士費用、督促などの諸費用を加算して請求できるように。

総会などで、滞納者の部屋番号、氏名を聞かれたときは

プライバシー権を侵害する恐れがあるのでその場で公表はしない事。

閲覧申請をして確認してもらうこと。

監事の役割

監事の責任は思いのほか重大です。監事は理事ではないので理事会に出席しても議決権はありませんが、標準管理規約第41条関係コメントでは、『理事が総会に提出しようとする議案を調査し、その調査の結果、法令又は規約に違反し、又は著しく不当な事項があると認めるときの総会への報告が含まれる。』という重要な役割があります。

標準管理規約では監事を置くことが規定されています。管理組合役員のうち監事は管理組合の会計に関することと理事会の業務執行について監査する役割を負っています。平成28年3月の標準管理規約改正で従来は『・・・することができる。』としていましたが、監事による監査機能の強化のため理事会への出席義務を課すともに、必要があれば、意見を述べなければならないとしたものでありま す。また、具体的な報告請求権と調査権を定めています。

下記に、昨年改正された『標準管理規約』第41条（監事）を記載しましたので、ご参考にしてください。

（監事）

第41条　監事は、管理組合の業務の執行及び財産の状況を監査し、その結果を総会に報告しなければならない。

2　監事は、いつでも、理事及び第38条第1項第二号に規定する職員に対して業務の報告を求め、又は業務及び財産の状況の調査をすることができる。

3　監事は、管理組合の業務の執行及び財産の状況について不正があると認めるときは、臨時総会を招集することができる。

4　監事は、理事会に出席し、必要があると認めるときは、意見を述べなければならない。

5　監事は、理事が不正の行為をし、若しくは当該行為をするおそれがあると認めるとき、又は法令、規約、使用細則等、総会の決議若しくは理事会の決議に違反する事実若しくは著しく不当な事実があると認めるときは、遅滞なく、その旨を理事会に報告しなければならない。

6　監事は、前項に規定する場合において、必要があると認めるときは、理事長に対し、理事会の招集を請求することができる。

7　前項の規定による請求があった日から5日以内に、その請求があった日から2週間以内の日を理事会の日とする理事会の招集の通知が発せられない場合は、その請求をした監事は、理事会を招集することができる。

収支決算報告書の未収金の記載

管理費や修繕積立金、駐車場使用料、自転車置き場使用料などに、未収があった場合でも会計上は収入として計上することが一般的に多くの管理組合で行われています。

現段階では回収できる可能性があるので収入として収支決算報告書に記載するのです。

それではどのようにして、未収金（滞納金）がどれだけあるのか確認できるのでしょうか。

会計報告書の「貸借対照表」の未収金の科目に未収金額を記載します。組合員は自分の大切な財産がどのような状態かを確認し、把握しておく必要があります。実際に管理組合のお財布に入っていないお金が収入として計上されるので、なかなか理解するのが難しいために質問、相談が多く寄せられています。

未収金の発生を防止する対策としては、未収金が発生したときには、早期のうちに督促を行うことが必要です。3か月以上滞納が続く場合には、法的な督促など理事会として毅然とした対応が不可欠です。

また、ご相談の中には、賃借人等が駐車場使用料、自転車置き場使用料など管理組合の施設利用を滞納したまま引っ越してしまい、行方がわからなくなってしまったケースがよくあります。未収入金も管理組合員の大切な財産ですのでそれを回収不能にならないようにこまめにチェックすることが大切です。また、賃借人の施設利用料の滞納を防止するには、予め保証金を納めることを規約や細則で定めることが考えられます。

管理組合の財産をチェックすることは組合員一人ひとりの責務です。管理組合の会計報告書は比較的理解しやすいといわれていますが、一般の組合員にとっては理解できない場合があります。そのような場合は躊躇せずに管理会社の会計担当者に説明を受けることをお勧めします。

管理組合の監査の重要性

平成28年3月の標準管理規約改正で管理組合の監事の役割が大幅に改正されました。

従来は監事の役割は標準管理規約第41条3項までしかありませんでしたが、7項までになり、3項の「監事は、理事会に出席して意見を述べることができる。」という理事会に出席が任意規定でしたが「監事は、理事会に出席し、必要があると認めるときは、意見を述べなければならない。」という強行規定に変更されて監事の役割は重要になりました。

単棟型標準管理規約第41条関係コメントでは次のように解説しています。

① 第1項では、監事の基本的な職務内容について定める。これには、理事が総会に提出しようとする議案を調査し、その調査の結果、法令又は規約に違反し、又は著しく不当な事項があると認めるときの総会への報告が含まれる。また、第2項は、第1項の規定を受けて、具体的な報告請求権と調査権について定めるものである。

② 第4項は、従来「できる規定」として定めていたものであるが、監事による監査機能の強化のため、理事会への出席義務を課すとともに、必要があるときは、意見を述べなければならないとしたものである。ただし、理

事会は第52条に規定する招集手続を経た上で、第53条第1項の要件を満たせば開くことが可能であり、監事が出席しなかったことは、理事会における決議等の有効性には影響しない。

③ 第5項により監事から理事会への報告が行われた場合には、理事会は、当該事実について検討することが必要である。第5項に定める報告義務を履行するために必要な場合には、監事は、理事長に対し、理事会の招集を請求することができる旨を定めたのが、第6項である。さらに、第7項で、理事会の確実な開催を確保することとしている。

平成28年3月改正以前の単棟型

（監事）

第41条　監事は、管理組合の業務の執行及び財産の状況を監査し、その結果を総会に報告しなければならない。

2　監事は、管理組合の業務の執行及び財産の状況について不正があると認めるときは、臨時総会を招集することができる。

3　監事は、理事会に出席して意見を述べることができる。

マンション管理組合役員による事件

テレビ、新聞などでマンションの理事等役員の横領事件が時々報道されますが、報道されるのは、ほんの一部で、時効により裁判が出来なかったケースや世間体を考えてことを大きくしたくないなどの理由から表沙汰になっていない横領事件も多くあるようです。

たかが、管理組合の横領事件と侮ってはいけません、億単位で被害にあわれた管理組合も結構あります。

新潟県の大型リゾートマンションでは管理組合前理事長が約16年間にわたり、組合の管理費など総額約11億円を着服していた事件は業界では有名です。

横領の手口としては、前管理組合理事長名の管理組合口座から自分の口座に送金する方法で着服し、それが発覚することを隠すために会計の監査の時に銀行から提出される残高証明書を改ざんしていたということです。

この前理事長は、公認会計士の資格も保有していることから総会で選任された時には組合員の誰もが信頼していたと考えますが、まさかこのような事件になるとは誰も思っていなかったと思います。

理事長・会計監査担当役員にも賠償命令

管理組合の会計担当理事が横領して、横領していない理事長、監事の個人責任を認める判決が出された事例もあります。

マンションの会計担当が10年もの長期に渡り総額1億円以上もの着服をし，その間，預金通帳の確認などを行っていれば着服を防げたとして，当時の理事長と会計監査担当役員に464万円もの善管注意義務違反により損害賠償が認められたというものです。（東京高裁で判決は確定）このマンションは戸数40戸弱，着服期間は1998年から2007年まで，当時は自主管理であり，印鑑と通帳は着服していた会計担当役員が所持していたとのこと。自らワープロで作成した残高証明書で発覚を免れ，通帳の写しや原本のチェックはされていなかったとのことです。

判決では「預金通帳をチェックしていれば

着服の事実を把握でき損害を回避できた」と指摘され着服には関与していなかったにも拘わらず、理事長と会計監査担当役員に損害賠償責任が認められたとのこと。

古いマンションでは、通帳と銀行届出印を理事長や一部の理事が一緒に保管しているマンションが多いのでこのような事件が発生しています。

通帳と印鑑は、同じ管理組合の役員が保管していると「つい、でき心で・・・」横領事件になる可能性があります。

悪徳プロの理事長

横領は、犯罪ですが犯罪にならないように巧妙に、マンションの管理費、修繕積立金を食いものにしている理事長もおります。

その手口としては、50～70戸くらいの築年数10年とか23年位の中型マンションの一部屋を購入し組合員として管理規約に基づいてお金儲けをたくらむのです。

マンション購入前に、総会の議事録を確認して、実際に総会に出席する組合員（議場出席者）が少なく、委任状や議決権行使書で決議されるマンション管理に関心があまり高くないマンションをねらって購入します。そして、滞納状況や修繕積立金の額等も予め調査します。財務状況が良いマンションを選びます。

築10年とか23年、35年の中古のマンションは、大規模修繕工事を目前に控えていますので、マンション管理に関心の低いマンションでは、理事長に立候補する組合員は少ないことが多いので、立候補するとたいてい理事長に就任することができます。

理事長になって、大規模修繕工事の提案をして、自分の知り合いの建設会社や縁故関係のある大規模修繕工事業者に修繕工事を発注してそこからリベートをもらってお金儲けをするわけです。

中型マンションの大規模修繕工事の費用は数億円になりますので、工事金額の２割がバックマージンとしても大きな金額になります。その大規模修繕工事が終わるとマンションがきれいになって売りやすくなるので、売却してまた大規模修繕工事間近の管理に関心の薄いマンションを探してそれを購入して同じ方法でお金儲けします。

これを、『プロの理事長』と呼んでいます。

最近は、プロの理事長のほかに、大規模修繕工事業者が自分の会社の社員に大規模修繕工事間近のマンションを購入させて理事長にし、自社に大規模修繕工事を誘導する業者もあるようです。

この方法では、総会で規約に基づいて手続きを行い上程して総会承認を受ければリベートをもらったことが発覚しなければ濡れ手に粟状態です。

このように、マンション管理組合員の一人一人がマンション管理に関心を持たないといいように管理組合の大切な資金が知らない間に吸い取られてしまいます。

あるマンション管理に関心の薄いマンションで、10年間理事長を務めた理事長が予算に理事長の10年間の慰労金として８００万円を上程して総会決議された事例があります。

このマンションでは総会が終了してしばらくしてから、理事長の慰労金８００万円が発覚してトラブルになりましたが、総会で出席者の過半数の賛成を得て可決されていたのであとの祭りです。

この場合には、1／5の組合員による総会招集権を行使して臨時総会を開催して、慰労金を撤回することも可能かと思われます。

個人情報保護法の改正とマンション管理組合

管理組合が取り扱う個人情報量からみて、個人情報取扱い事業者として個人情報保護法が適用されることはほとんどあり得ないと言われていました。

ところが、改正個人情報保護法が、2017年5月30日に全面施行されました。

特に、従来は保有している個人情報の件数が5000件を超えていなければ個人情報保護法の規制対象から外されていましたが（いわゆる5000件要件）、2017年個人情報保護法改正で5000件要件が撤廃されて、マンション管理組合も個人情報保護法の適用事業者になりました。今まで個人情報保護法と無縁だったマンション管理組合も規制の対象になり罰則が与えられるリスクがあります。

また、この法律の改正に伴って個人情報保護の関心が一層高まっており、管理組合が保管する名簿、管理費など滞納者のリスト等の個人情報が不当に漏洩して本人の損害を受けた場合には、民法の規定による損害賠償責任を問われることもあるので取扱いにはさらに留意する必要があります。

個人情報保護法の取り扱い事業者として管理組合は次の義務が生じます。

1　利用目的による制限（個人情報保護法第15条、第16条、第23条）
2　適正な取得（個人情報保護法第17条）
3　正確性の確保（個人情報保護法第19条）
4　安全性の確保（個人情報保護法第20条～22条）
5　透明性の確保（個人情報保護法第18条、27条～32条）
6　苦情の適切な処理（同法第35条）

上記義務に違反した場合は、主務大臣より違反行為の中止その他違反を是正するための必要な措置を取るべき旨の勧告、勧告内容の命令、中止命令がなされ、命令に従わないときは罰則が規定されています。

管理組合運営における個人情報

管理組合運営上、個人情報に該当するものとして、組合員名簿、居住者名簿、管理費・修繕積立金納入状況、駐車場使用契約書、駐輪場使用契約書、各種届出書・申請書等が考えられますがマンションによっては、そのほかにも色々あります。

＊駐車場賃貸借使用契約書、駐車場使用者名簿、使用車両届出一覧
＊専有部分修繕等工事申請書、専有部分等工事承認書、立入検査・検査実施記録
＊ペット飼育許可申請書、ペット飼育許可書、ペット飼育会名簿
＊規約に遵守する誓約書
＊窓ガラス等改良工事申請書、窓ガラス等改良工事承認書
＊専有部分立入請求書、専有部立入承諾書または拒否回答書、
＊専有部分立入実施に関する記録
＊管理費・修繕積立金等住戸別一覧、管理費・修繕積立金等滞納状況表、督促経過記録及び関連書一式
＊組合員名簿　組合員資格取得・喪失届出書
＊弁護士相談記録
＊理事会役員名簿　活動経費・報酬の支払いに関する記録活動経費・報酬の支払いに係る書類一式
＊占有者（利害関係人）総会出席届

＊出席表　委任状　議決権行使書　代理権限証書

＊総会議事録　総会議事録閲覧請求書　理事会議事録　理事会議事録閲覧請求書

＊専門委員会委員名簿

＊管理費・修繕積立金等住戸別金額一覧、管理費・修繕積立金等滞納状況表、督促経過記録及び関連書類一式　組合預金口座一覧法的措置追行記録

＊組合員名簿、組合員名簿閲覧請求書

＊勧告書・指示書・警告書・法的措置追行記録

＊規約原本等閲覧請求書

＊自治会・同好会の会員名簿等

などすべてが個人情報です。

防犯カメラと個人情報保護法

２０１７年５月30日に個人情報保護法が改正されて、マンション管理組合も個人情報保護法の適用の事業者になりました。

不審者侵入、盗難、不法投棄やイタズラ、空き巣被害を未然に防ぐ事を目的に　最近は、新築の時から防犯カメラが設置してあるマンションが多くなっています。既存のマンションでも、防犯カメラを設置するマンションが増えています。防犯カメラの再生画像の閲覧や防犯カメラの取り付け位置等のトラブルのご相談は多くなっています。

防犯カメラの設置は、マンションの共用部分、附属施設、敷地を対象とし、マンション内における犯罪及び毀損行為等の防止、抑止を図り、防犯性の確保及び管理組合の財産の維持保全に資することを目的としています。このことを、まず組合員等に理解してもらう必要があります。

カメラのモニターについては、管理員が常時モニターを監視することは、警備業法との関係やプライバシー保護上の問題が生じる恐れがあることから、通常はモニターの電源を落としておくことが必要です。

ちなみに、個人情報保護法にいう「個人情報」と、「プライバシー」の違いについては、次のように理解されています。個人情報保護法にいう「個人情報」とは「生存する個人に関する情報で、氏名、生年月日等、特定の個人を識別することができるもの」をいいます。

これに対して「プライバシー」とは、必ずしもその内容について一義的な定義はなく、伝統的には、私生活上のことをみだりに公開されない権利といわれ、また、近時は自己情報をコントロールする権利という考え方も有力になっています。

理事会で防犯カメラの記録映像を閲覧するには、どのような理由で、誰が、誰と、どの日時の閲覧をするのかを細則で決めておく必要があります。これは、記録映像に個人情報及びプライバシーに関わるものが多く含まれているため、一部の理事が勝手に閲覧することを防止するためです。通常は共用部分や附属施設の維持保全のため、及び共同生活の秩序維持のための二つが、閲覧を認める理由になると考えられます。

誰と誰が閲覧するかを事前に決定しておくのは、お互いを牽制して、必要以外の部分は閲覧しないためのものです。また、情報は閲覧する人が多いと漏れやすいことから、必要最小限の人数に絞ることが望ましいといえます。

防災に関する

管理組合の役割

防災に関する業務としては、まず、消防法に定められた事項を確実に実施することが第一歩となります。具体的には、防火管理者の選任と消防計画の作成、消火・通報・避難の訓練、消防用設備等の点検を実施することが必要です。

国土交通省から公表されている「マンション管理標準指針」では防災対策として次に記載する7項目を管理組合の「標準的な対応」として掲げています。

（ア）防火管理者の選任

消防法の義務付けの対象は、居住者数50人以上のマンションとなっていますが、これに達しない規模のマンションでも同様の対策を講じておくべきです。

（イ）消防計画の作成及び周知

消防計画については、住民全員に確実に周知することも不可欠です。

（ウ）消防用設備等の点検

■機器点検（半年に1回）

消防用設備等の機器の適正な設置、損傷などの有無、そのほか主として外観から判断できる事項および機器の機能について簡易な操作により判別できる事項を消防用設備等の種類などに応じ、告示に定める基準に従い確認します。

■総合点検（1年に1回）

消防用設備等の全部もしくは、一部を作動させ、または当該消防用設備等を使用することにより、当該消防用設備などの総合的な機能を消防用設備等の種類などに応じ、告示で定める基準に従い確認します。

（エ）災害時の避難場所の周知

災害時に避難場所や災害発生時の避難などの対応の手順や実施体制を明らかにして確実に周知することが望まれます。

生命、身体、財産を守るためには欠かせません。

（オ）災害対応マニュアル等の作成・配布

発災時の対応については、消防計画で明らかにされている場合もあると思われますが、そうでない場合は別途作成し配布する必要があります。

（カ）ハザードマップ等防災・災害対策に関する情報の収集・周知

災害発生時に安全に避難できるよう、想定される被害状況や避難所の位置・経路等を記載したハザードマップを行政が作成・配布する必要があります。こうしたものも含めて行政等が提供している「防災・災害対策に関する情報」を積極的に入手し、住民に周知することも重要です。

（キ）年1回程度定期的な防災訓練の実施

避難訓練の頻度については、法令上の定めはないが、年に1回を目安に定期的に行うことが必要だと考えます。ただし、飲食店等が入っている複合用途防火対象のマンションの場合には、消防法により年2回以上の実施が義務付けられています。消防法でいうマンションは、標準管理規約の「複合用途型マンション」の定義とは異なりますので注意が必要です。

これらの防災対策は、法定されたものを含み、重要で責任のある業務の場合も少なくないので、専任の防災担当理事を選任するなどの工夫も必要でしょう。

また、近隣自治会等の地域ぐるみで防災対

策に取り組んでいる場合には、それに参加や連携することも有効な手段です。

災害時に備えて必要なものを用意しておくことは非常に大切です。

用意した備蓄品は災害後のマンション居住者の生活を支えるものであり、生命をつなげる糧になるので決して管理費の無駄遣いではありません。

しかしながら、災害用の備蓄品についてのご相談では「お金」の問題が多く寄せられています。

管理組合で防災備蓄品を備える場合にはそれを保管する倉庫も必要になることや、火災等で各住戸が用意した備蓄品が使用できない場合もありますが、すべての災害用備蓄品を管理組合が管理費で購入すべきなのか、各家庭に任せるべきなのかが大きな議論になります。

居住者それぞれの意向も重要ですが、管理組合の財政状況や居住者の年齢層等によって管理組合の意見が分かれるところです。

国土交通省の平成30年度の「マンション総合調査」では、非常食や飲料水を備蓄しているマンションは13・4%、防災用品を備蓄しているマンションは20・3%、となっています。平成25年度の調査結果と比較すると、非常食や飲料水を備蓄しているマンションは、平成25年度は8・8%でしたので4・6%増加しています。防災用品を備蓄しているマンションは、平成25年度の調査では26・9%でしたので、6・6%減少しています。

築年数が経過したマンションでは、防災備蓄品にお金をかけるより建物の修繕にお金をかけることが優先される場合も考えられます。

一般的に、災害の際は、「自助」が70％、「共助」が20％、「公助」が10％といわれております。そうしたことから、飲料水・食料品は各家庭で備蓄してもらうことを前提とし、それ以外の備品も、各家庭で用意することができるものは基本的に各家庭で用意して、管理組合は各家庭で用意するのが難しいものを準備するという考え方を基本としているマンションも多くあります。

管理組合が管理費で防災備蓄品を購入する場合はアンケート調査や説明会を十分に行い組合員が理解したうえで総会決議を諮ることが必要です。

マンション共用部火災保険

マンションの事故は様々なケースが考えられます。例えばマンション上階からの水漏れ事故、火災の事故が発生した場合、他の専有部分や共用部分にまで損害が及び、被害が大きくなればなるほど損害の金額が多くなってしまうケースが考えられます。

また、ベランダやバルコニーから物が落ちてきて通行人にケガを負わせた、何者かにガラスを割れてしまった、自然災害により被害を受けるなど、枚挙にいとまがありません。

そのような事故、事件が発生した場合に損害保険が付保されていないと復旧費用の調達や負担が障害となってトラブルになることがよくあります。

そのために万一、事故、事件が発生しても、トラブルの処理に困らないようにその損害をカバーできるのが「マンション共用部分火災保険」です。この保険はほとんどの管理組合が加入しています。

標準管理規約第24条（損害保険）では、「区分所有者は、共用部分などに関し、管理組合が火災保険その他の損害保険の締結することを承認する」と明記されています。

また、実際に火災が発生した場合において、管理組合として復旧等の手続きを迅速かつ円滑に進めることができるように、同状の規約に「理事長は前項の契約に基づく保険金額の請求及び受領について、区分所有者を代理する。」ことも定めています。

実際にマンションにおいて火災に遭った共用部分の復旧、共用部分から漏水事故による損害賠償を行う場合には管理組合の財産から支出しなければならないので、合意形成が困難になり迅速な対応が難しくなります。

このようなことから、国土交通省の「マンション管理標準指針」では管理組合が適切な火災保険その他の損害保険に付保していることが「標準的な対応」としています。

その保険契約の内容についても、組合員はマンションに安心、安全、快適に住むことを踏まえて「この保険の付保内容で大丈夫なのか」を常にチェックする必要があります。

損害保険契約の締結は、総会決議事項になっています。総会議案書には、保険料、保険の種類、どんな事故及び損害の時に保険金が請求できるか等の確認が必要です。

損害保険契約を締結する議案を上程する場合には、総会の会場に、保険募集にあたり保険商品に関する重要事項を正確に説明できる知識があると証明する「損害保険募集人」の資格を持っている保険代理店の担当者が同席されることで円滑に議案説明や質疑、応答ができると考えます。

最近、築年数の経過したマンションでは、マンション設備のうち、給・排水管の更新工事費が高額であり修繕積立金不足から実施されていない等、適切なメンテナンスが行われていないマンションでは漏水事故が多発しています。

そのために、築年数の経過したマンションの保険料は大幅な値上がり傾向にあります。

共用部分の保険料の支出は、管理組合の支出の中では、管理委託費に次ぐ高額な支出です。

共用部火災保険加入を検討するときには、付保する内容をよく理解して必要ない補償は付保せずに、必要な補償を手厚くすることや、複数の損害保険会社から相見積もりを取ることで保険料を節約することができます。近時、保険料が一年払いより割安になる、5年一括払いにしているマンションは多くあります。

最近、我が国も訴訟社会となり、マンション内のトラブルを訴訟によって解決しようとする傾向がマンションでも多くなりました。

管理組合運営を巡って管理組合の理事や監事の役員が組合員から訴訟を受けるケースが多くなってそれが起因して理事会役員のなり手不足と考える管理組合もあります。

マンション管理組合またはその役員管理規約に規定する業務に係る行為に起因して、損害賠償請求を受けたことによって負担する法律上の損害賠償金、弁護士費用、法律相談費用、初期解決費用等の損害や情報漏洩対応費用等を補償する特約を付保できるマンション共用部損害保険も発売されています。

そのような「マンション管理組合役員賠償責任補償特約」を付保することを検討することも必要です。

COLUMN

保険代理店のコラム

マンション共用部分火災保険の実情

現在、マンション保険は保険料高騰の一途をたどっております。

なぜならば、マンション保険はロスの悪い商品となっているからです。

要するに保険会社にとって利益が確保しにくい商品ということ。

マンションの事故データを見ると、築年数が経過しているマンションの事故率が著しく上がっております。

よって、保険会社は築年数に応じた保険料率を設定しております。

築年数が経っているマンション程保険料が上がる仕組みです。

さらに、事故件数の多いマンションは保険更新の際、条件が強制的に設定または、引き受け 不可といった対策も取られております。

しかしそれでは築年数 は経 過しているが事故のない または少ないマンション（以下優良物 件）にとってあまりにも不利益となってしまいます。

そこで保険会社もただ保険料を引き上げているだけではございません。

優良物件に対して割引制度を導入しております。

各マンションの規模（総戸数）に対して事故率を算出し割引できるか否か判断します。

ある保険会社では築年数が経っているマンションでも優良物件と判断されれば約50%の割 引を実施しております。

また、ある保険会社ではマンション管理士によるマンション診断を実施し、チェック項目を 基に保険料を算出する制度もございます。

管理組合様で

とるべき**対策**

では、今後管理組合様はどのような対策を講じるのが得策であるか。

以下 3点が考えられます。

①相見積もりを取得する

マンション保険取り扱い保険会社の見積りを取得し比較検討することが重要です。マンション保険の状況把握、各保険会社の強み等を知り、選択肢の幅を広げることが可能となります。

②過去の事故履歴の確認

自身のマンションでは、どのような事故が発生しているのか知ることにより、事故再発防止に役立たせることができます。事故の発生頻度の抑制につながります。

③給水管・排水管の更新または更生工事を実施する。

こちらの対策は費用、期間ともに負荷が大きいので難しい対策です。

しかし築古マンション（築年数 20年超）の事故内容で約 50％を超える事故が漏水事故の為、実施できれば効果絶大。

築古マンションの場合、給排水管の劣化がみられる ことが多く漏水事故が頻発しております。

【最後に】

現在のマンション 保険は、保険料が高くなり加 入の難しい管理組合様も 少数ながら出てきている状況です。今後状況が好転し、保険料が下がることはまず考えられません。よって管理組合様でできる対策を講じていく他ございません。

まずは、前述いたしました対策の①、②に

ついてはすぐにでも実行に移せます。

保険に頼り切った運営ではなく、保険を利用し資産価値を高めていく運営が必要となります。

株式会社セゾン保険サービス マンション営業部

関根 僚輔

〒170－0013

東京都豊島区東池袋4－21－1

アウルタワー4階

03－3988－1526

マンションの防災・防犯

「分譲マンション」と呼ばれる区分所有の集合住宅は600万戸を超え、都市の主要な住宅の形態としてしっかりと定着していま す。

このように、都市部ではマンションに住むということが当たり前になってきています。マンションは生活の基盤であり、外部からの脅威から、家族や自分自身を守るためにそれなりの備えが必要になります。

東日本大震災や熊本地震では、家屋の倒壊などは木造の戸建住宅が多かったことから、マンションは鉄筋コンクリートでできているので安心だと思っている人も多いようです。確かに最近のマンションは基本的に地震に強い「耐震構造」になっています。建物が倒壊しないことも大切ですが、建物の中に住む居住者の身の安全を確保することも重視されなければなりません。

また、地震が発生した時に、避難しなければならないのはマンションでも戸建てでも同じですが、避難経路や避難方法ではかなりの違いがあることは知っておかなければなりません。

防犯については、最近のマンションにおいて「セキュリティの充実」は必須条件になっています。「防犯カメラやオートロックがあるから」、「最上階だから」、泥棒や不審者が侵入する事はなく安心。という心の油断は禁物です。防犯カメラやオートロックがあるマンションや上層階の部屋でも空き巣被害に遭われた住戸は多くあります。

防災に関する業務はマンション管理組合の業務なのか。

火災や震災などの災害から居住者の生命、身体及び財産を守ることは、マンション管理組合の重要な役割の一つです。標準管理規約第32条第12号には「マンション及び周辺の風紀、秩序及び安全の維持、防災並びに居住環境の維持及び向上に関する業務」として防災が明記されています。

防災に関する業務としては、消防法に定められた事項を実施することが「はじめの一歩」です。

消防法では、建物にその管理について権原を有する者が存在することを前提としていて、法人格のないマンションの場合は、一般的に管理者又は理事長がこれに当たっています。この「管理について権原を有する者」を通常「防火権原者」と呼んでいます。また、マンションに居住する人の人数50名以上のマンションの防火権原者は防火管理者を設置し、防火管理者として業務をさせなければなりません。（消防法第8条第1項）

分譲マンションなど、一般的な共同住宅における防火管理者の実施する防火管理業務は「消防計画の策定」、「消火、通報及び避難の訓練」「共用部分における火気の使用又は取扱いに関する監督」等があげられます。

マンションに自治会がある場合や、近隣町内会等の地域ぐるみで防災対策に取り組んでいる場合には、その防災訓練やイベントに参加し、あるいは連携して行うことも有効な手段ではないでしょうか。なお、最近、関心の高い風水害に関する事項などは消防法に定められていないので別途対応する必要があります。

災害への対応状況

マンションは地震に強いといわれていますが、いくら堅牢なマンションでも、防災対策は必要です。

被災した場合、外部の支援が届くまでの期間は、被害状況によって違ってきます。最近では、7日間は 自力で生活できるように備えるという考え方も示されています。まず食料や飲み水の確保が必要です。また、地震が起きると、断水や停電・下水道の破損によって多くの水洗トイレは水が流れなくなります。ですから、各家庭で簡易トイレを備蓄することが大切です。簡易トイレを備蓄する目安ですが、成人の一日のトイレの回数を約5回として計算すると、4人家族ですと一週間分の140回分の簡易トイレが必要となります。食料品や飲料水ばかりではなくこういった備蓄品の検討も必要になります。

東日本大震災の発生前と発生後では、大災害発生時おけるマンション管理組合の対応の状況においても変化が出ています。

平成26年4月に公表された「平成25年度マンション総合調査」から、平成20年度と平成25年度の大規模災害へ の対応を比較すると、いずれの対応項目も増加しています。平成25年度で「特に何もしていない」と回答した管理組合は29・2%であり平成20年よりも10%近く減少しています。

東日本大震災の影響が大きく反映されていると思われます。

大規模災害への対応状況

出典：平成30年度マンション総合調査

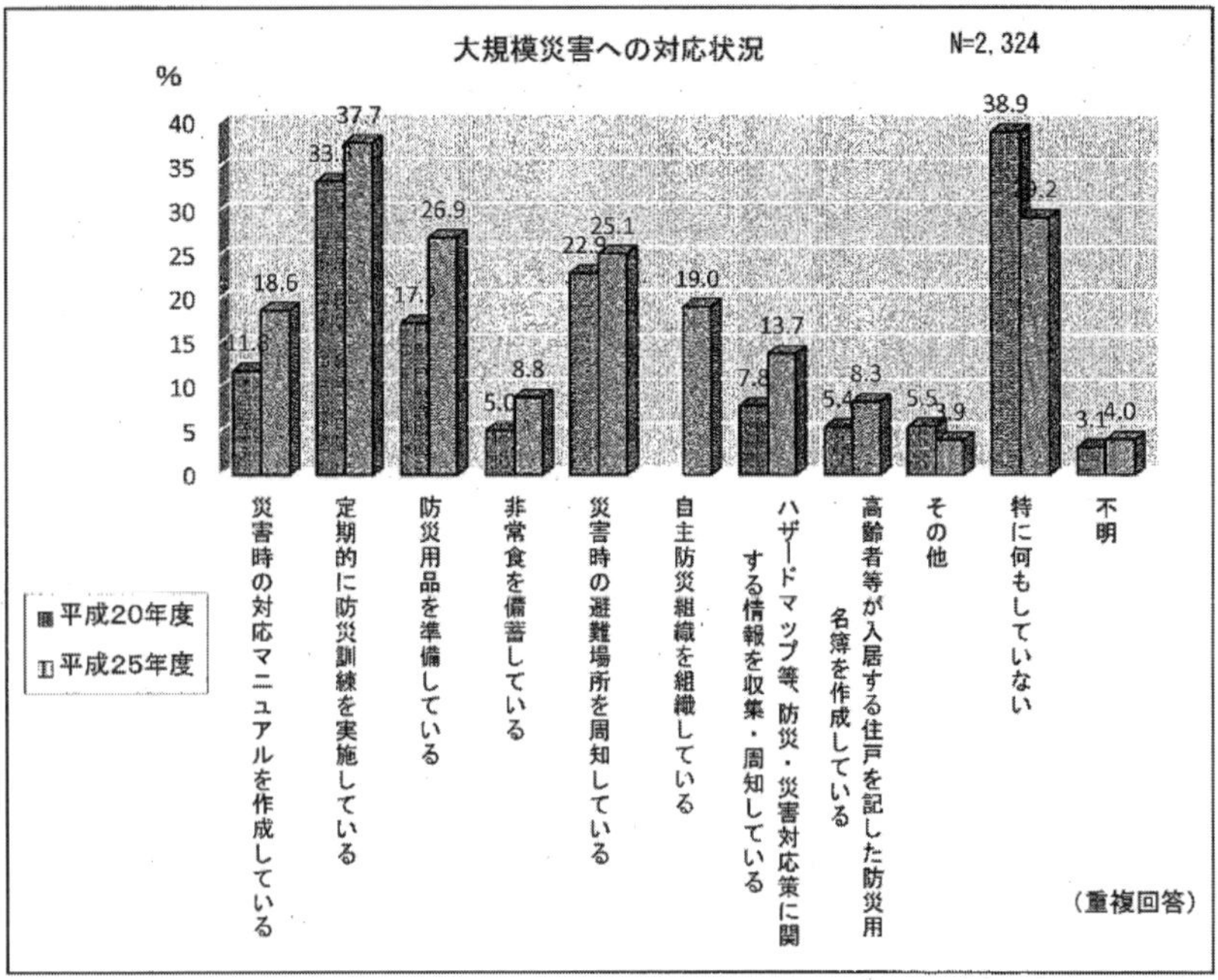

マンションの防犯対策

空き巣等の被害に遭うと、大切な財産を失ってしまうとともに、「自宅に見知らぬ者に侵入された」という精神的苦痛から「心の病」になったという相談も過去にありました。マンションでは、普段からドアや窓に対する「防犯対策」や「戸締りの確認」を心がけることが大切です。マンションの上層階に住んでいるので空き巣被害には遭わないだろうと思っていませんか。警察の方の話ですが、雨樋を伝わって8階まで登りベランダ伝いに移動して次々と盗みを働くケースがあったそうですし、最上階でも屋上からロープを伝ってベランダへ侵入した例もあり、安全な階はないので、油断は大敵です。最近の空き巣は犯行時の服装も営業マン風のスーツ姿が多いなど、私たちが想像する泥棒の怪しいスタイルとは違っているそうです。空き巣は侵入までに5分以上かかると7割以上はあきらめるといわれています。だからこそ、オートロックシステムであっても、ゴミ捨て等で少しの時間でも外に出るときは必ず施錠することは大切です。

近年、不審者の侵入、住居侵入窃盗等、管理組合として防犯対策の重要性は増加しています。オートロックシステムや防犯カメラの設置等ハード面の防犯対策を講ずるとともに、管理組合としてのソフト面の防犯対策も重要であります。

管理組合のソフト面の防犯対策とはどのようなものでしょうか。国土交通省の「マンション管理標準指針」では、次の防犯対策を「標準的な対応」としています。

（ア）最寄りの交番、警察署の連絡先等の周知
（イ）日頃からの居住者同士の挨拶が自然に行われるような取組の実施

最寄りの交番、警察署の連絡先を周知する事により、不審者を発見した時の通報を迅速に行い犯罪を未然に防止することができます。また、犯罪者の心理として居住者に見られたり、声をかけられたりすることを避けたいものであり、そのために挨拶の励行という取り組みが非常に重要であります。何をすれば防犯効果が高まるのか、といった視点からも細かく検討しましょう。

災害時の緊急対応

管理組合理事長といえども、理事会の決議

に基づかないと理事長として行動ができません。しかしながら、災害などの緊急時には理事長判断で一定の要件を満たせば、応急工事が可能になりました。

平成28年3月14日改正された標準管理規約では、「理事長は、災害等の緊急時においては、総会又は理事会の決議によらずに、敷地及び共用部分等の必要な保存行為を行うことができる」という規定が新たに付け加えられました。

（標準管理規約　第21条第6項）

これによって、災害時などの緊急時に必要な保存行為であれば、単独で判断してできるようになりました。加えて、標準管理規約第21条関係コメントでは、

「第6項の災害等の緊急時における必要な保存行為の実施のほか、平時に おける専用使用権のない敷地又は共用部分等の保存行為について、理事会 の承認を得て理事長が行えるとすることや、少額の保存行為であれば理事 長に一任することを、規約において定めることも考えられる。その場合、理事長単独で判断し実施することができる保存行為に要する費用の限度額 について、予め定めておくことも考えられる。」としています。

平成の標準管理規約の改正で、災害時等の緊急時の応急修繕工事は理事会決議で行うことが可能になりました。

新しく加えられた規約及びコメント

十　災害等により総会の開催が困難である場合における応急的な修繕工事の実施等（第54条（議決事項）1項十号）

2　第48条の規定にかかわらず、理事会は、

前項第十号の決議をした場合においては、当該決議に係る応急的な修繕工事の実施に充てるための資金の借入れ及び修繕積立金の取崩しについて決議することができる。

第21条　～敷地及び共用部分等の管理

6　理事長は、災害等の緊急時においては、総会又は理事会の決議によらずに、敷地及び共用部分等の必要な保存行為を行うことができる。

～第21条コメント～

(11)　災害等の緊急時において、保存行為を超える応急的な修繕行為の実施が必要であるが、総会の開催が困難である場合には、理事会においてその実施を決定することができることとしている（第54条第1項第十号及びコメント第54条関係（1）を参照。）。しかし、大規模な災害や突発的な被災では、理事会の開催も困難な場合があることから、そのような場合には、保存行為に限らず、応急的な修繕行為の実施まで理事長単独で判断し実施することができる旨を、規約において定めることも考えられる。更に、理事長をはじめとする役員が対応できない事態に備え、あらかじめ定められた方法により選任された区分所有者等の判断により保存行為や応急的な修繕行為を実施することができる旨を、規約において定めることも考えられる。なお、理事長等が単独で判断し実施することができる保存行為や応急的な修繕行為に要する費用の限度額について、予め定めておくことも考えられる。

最近では、ご近所付き合いを避ける人が多く、人間関係が希薄になってきているとの相談が多くあります。防災や防犯には、ご近所付き合いが大切で、普段の挨拶から生まれるご近所付き合いは、有事の際に助け合いのネットワークとして機能します。近くで事件が起きた時、地震などの災害が起きた時でも、身近に支え合える人たちがいると安心です。居住者同士の挨拶ができている地域の犯罪発生率は、とても低いといわれています。挨拶は、マンションに住むためのマナーの基本です。自分から積極的に行う事を心がけてください。そういった一人ひとりの心がけがマンションの雰囲気づくりに役立ち、防犯・防災に有効です。挨拶は、お金のかからない最高のマンションコミュニティです。気持ち良い一日は、明るい笑顔の挨拶から始まります。

マンションの居住者は、年齢や生まれ育ってきた環境、価値観が一人ひとり違います。管理規約や使用細則を改正する場合には、居住者（組合員、組合員の家族、賃借人）等の意見を反映させることを目的に『規約改正委員会』を理事会の下部組織として設置して検討するマンションが多くあります。

管理規約改正や新しい管理規約をいきなり総会で決議することはあまりにも無謀です。国土交通省のマンション管理標準指針では『重要な案件については、事前説明会やアンケートにより意見聴取している。』を標準的対応としています。同コメントでは、総会の議事を限られた時間で効率よく行うためにもアンケートの実施や事前説明会による意見の聴取が効果的な場合も多いこと、また、事前説明会により、区分所有者が議事を十分理解して総会に臨めることとなり、無用な質疑が避けられるとともに、適切な判断が期待できることから、これを「標準的な対応」としています。

規約改正の説明会は、広く組合員から意見を求めるために、平日の夜や休日の昼間の時間帯に開催するなど開催日時を工夫して広く組合員の理解を求めることも必要です。

説明会の資料としては、管理規約、使用細則の変更箇所がわかりやすいように『新旧対照表』を作成して、どこがどのように変更されるかわかりやすいように工夫すると組合員の理解を得られやすいと考えます。

管理規約改正も使用細則の改正の手続きもどちらも総会の決議事項ですが、使用細則は普通決議、管理規約は特別決議の要件が必要です。

マンション管理組合では、管理規約改正の都度管理規約集を製本して組合員に配布しているマンションは多くありません。理由としては製本の費用が掛かることにあります。

一般的には、改正された部分を組合員が自ら現在の規約集の改正されたページに変更後の規約を挟みこんでいる例が多くみられます。

その方法では、規約改正された部分がわかりにくかったり、規約集が劣化したりするので紛失して、マンションのルールブックとして役目を果たさないことが多くあります。

最近では、管理規約改正、使用細則変更に合わせて中身を好きに入れ替えられ、長く使えるルーズリーフバインダーを使用しているマンションも多くなっています。ルーズリーフバインダーを選ぶ前に使い方を具体的に決めておきましょう。どれも同じに思われがちですが、ルーズリーフバインダーは製品によってリングの内径や素材、開閉力など種類はさまざまです。用途やシーンに合わせて選ぶと、より快適に長い間使えます。

管理規約や使用細則だけを綴じるだけではなく、『住まいのしおり』等、マンションで生活するために役立つものをまとめて綴じることができると居住者の利便性が増します。自宅や管理室に長期間保管することになることから耐久性や容量、厚さ、機能性を重視して選ぶのがいいでしょう。管理規約集は、マンションのルールブックなのでマンションで生活するうえの色々な場面でルール確認をすることが大切ですから、居住者にいつも手元に置いて活用していただくことをイメージしながら選びましょう。

撥水加工が施されているものや布張りであると汚れにくく長持ちするので、賃借人が変更したり、区分所有者が変更したりしても管理規約集を順送りして使用することができるので経済的です。

専有部の用途と賃貸化

分譲マンションは近年、築年数の経過に伴い賃貸化が増加する傾向にあります。

賃貸化の増加により、役員のなり手がいないといった問題や、居住者間のマナーの低下やコミュニティの質の低下等、マンションでの暮らし方について不安に感じている居住者も多くおります。

また賃貸化により単身世帯が増加する傾向が見られ、住生活の態様も大きく変化しています。居住者の価値観の変化で、管理組合に求められるものも多様化してきています。また、共用部の問題だけではなく、専有部においても用途・用法についての相談が多く寄せられています。マンションの一部屋を購入すると、その部屋の区分所有権、共用部分の割合に応じた持ち分、敷地利用権の3つを手に入れることになります。区分所有権を手に入れることとは、専有分を自由に使用したり処分したりすることができるということが原則とされています。ところがマンションは集合住宅ですので、その性質上法律や規約などで制限が加えられています。ペットの飼育、専有部リフォーム工事、楽器の演奏の禁止や制限等が規約上の定めに当てはまります。

専有部分の用法

居住者の高齢化・賃貸率の増加やニーズにより専有部の使用方法は多様化しています。

専有部の使用方法は区分所有法第1条で『一棟の建物に構造上区分された数個の部分で独立して住居、店舗、事務所又は倉庫その他建物としての用途に供することができるものがあるときは、その各部分は、この法律の定めるところにより、それぞれ所有権の目的とすることができる。』と定義されています。

法第6条1項（区分所有者の権利義務等）に於いて、「区分所有者は、建物の保存に有害な行為その他建物の管理又は使用に関し、区分所有者の共同の利益に反する行為をしてはならない」としています。

また、法第30条1項（規約事項）に於いて、「建物又はその敷地若しくは付属施設の管理又は使用に関する区分所有者相互間の事項は、この法律に定めるもののほか、規約で定めることができる」としています。

マンション標準管理規約（以下、標準管理規約という）には、その専有部分の用途について、第12条で「その専有部分を専ら住宅として使用するものとし、他の用途に供してはならない」と規定しています。また、飲食店舗やショップ、事務所などが入っているいわゆる複合型のマンションでは、一般的には、住居部分と事務所・店舗部分に区分して用途について規定しています。

区分所有者は、民法第２０６条の『所有者は、法令の制限内において、自由にその所有物の使用、収益及び処分をする権利を有する。』に基づいて使用することが原則としています。

マンションで茶道教室を開業したい。

標準管理規約コメント第12条関係では、『住宅としての使用は、専ら居住者の生活の本拠があるか否かによって判断する。したがって、利用方法は、生活の本拠であるための必要な平穏さを有することを要する』としています。

標準管理規約第12条の『専ら住宅としての使用』に当たるか否かの判断になります。

専有部分の利用方法については、生活の本拠であるために必要な平穏さを有することが必要になるわけですが、具体的にある行為が本条に違反するかどうかの判定は、必ずしも容易ではありません。『専ら住宅としての使用』に当たるか否かの点については、茶道教室以外の事例も含めて次のような使用方法が問題とされる場合が考えられます。

＊一般に趣味の教室としての使用
茶道、華道、書道の伝授は、少人数の者を対象とする場合には問題なくても，規模、人数によっては平穏さに疑問があり、認められないケースもありえます。

＊主婦の内職
主婦が行う一般的な内職などは、他の住戸に特に影響を与えるものではないと思われるので認められるでしょう。

＊他の区分所有者への影響が予想される使用
塾やピアノを教授するような場合は、やはり、規模や人数、教授の時間帯や周囲の状況などによって判断する知るほかはないが、住宅地にあるマンションでは認められないことも十分にありえます。

いずれにしても客観的な使用方法として、何が良くて、何が悪いかは、一概に定義づけることはできず、個々のマンションごとに判断することが必要です。そして、必要に応じて、用途制限に違反する営業類似行為の判定基準を規約または使用細則で定めておくのもひとつの方法と考えます。

茶道教室の使用についての判定基準については、もとより、上記の回答を参考にして、用途制限に違反する営業類似行為の判定基準のようなものを規約または使用細則を定めて対処していくことをおすすめします。

専有部の用途制限について明確に規定したい

共用部分や共有の敷地や付属施設についての使用規制は、使用細則で幅広く定めることができます。ところが、専有部分の使用規制についての基本的な事項は規約で定める必要があります。

それは、専有部分は本来それぞれの所有者が、その区分所有権に基づき自由に使用および収益すべきものでありますから（民法第206条参照）、専有部分については、「建物の保存に有害な行為その他建物の管理又は使用に関し区分所有者の共同の利益に反する行為」（法第6条第1項）を除き、元来、それぞれの所有者が自由に使用することができるのが原則であります。

したがって、専有部分（敷地が分有である場合は敷地も含む）の使用に関して規制する場合は、規約に定めをおくことが必要であり、また規制できる事項も、区分所有者間相互において専有部分の管理又は使用を調整するために必要な事項に限られることになります（法第30条第1項）。ただ規約で基本的な事項を定め、その範囲内での細則の決定を集会の普通決議に委ねることは、相当の範囲内において許されるものと考えられています。

犬、猫等の動物の飼育規制、ピアノ等の楽器の演奏時間の制限、専有部分の大規模な修繕・改修等の専有部分の使用に関する規制を規定する場合は、それらについての基本的事項を規約で定める必要があり特別決議事項となります。使用細則を制定する場合は、規約で定めた用途制限事項の確認または詳細規定となるように注意して作成します。

専有部分を貸したい

専有部分を貸与するにあたって、標準管理規約第19条では『区分所有者は、その専有部分を第三者に貸与する場合には、この規約及び使用細則に定める事項をその第三者に遵守させなければならない。』と規定されています。

さらに、第2項では、『区分所有者は、その貸与に係る契約にこの規約及び使用細則に定める事項を遵守する旨の誓約書を管理組合に提出させなければならない。』と規定されています。

一方、専有部を借りて使用収益する賃借人（占有者）においては、標準管理規約第5条第2項で『占有者は、対象物件の使用方法につき、区分所有者がこの規約及び総会の決議に基づいて負う義務と同一の義務を負う』としています。

但し、組合員ではないので、管理費・修繕積立金などの支払いの義務はありません。

区分所有者がその専有部分を第三者に貸与する場合の規約及び使用細則に定める事項をその第三者に遵守させるための規定の具体的な例として、遵守事項を取り込んだ賃貸借契約書と誓約書の雛型を標準管理規約第19条コメントでは示しています。

このように、賃借人に対して強く規定を設けているのは、賃借人は分譲マンションの管理に関する意識や管理規約について理解し難い環境であることが推測されるので、賃貸借契約書において明確にしてなおかつ誓約書を提出させることで、規約の遵守義務を有効に作用させる狙いがあると考えます。

区分所有者は、その専有部を第三者に貸与している間（当該専有部から転出する場合のみならず、転出後さらに転居する場合も含む。）は現に居住する住所、電話番号などの連絡先を管理組合に届け出なければならない旨を規約に定めることも、区分所有者に連絡がつかない場合を未然に回避する観点から有効です。

もちろん、長期にわたり不在にする場合も、届出規定を設けることも有効です。

標準管理規約では、総会の招集手続きとして招集通知は管理組合に届出をしたあて先に発するとなっています。あて先が管理組合届出されていない場合は、対象物件内の専有部分の所在地あてに発することになるので注意が必要になります。

専有部の貸与にあたっては、マンションは集合住宅であることを充分に認識したうえで対応することが大切です。

専有部の模様替え

マンション専有部のリフォームを行うと、工事中の騒音、工事業者の駐車場の問題、工事中の材料搬入による共用部の傷や破損を防止する養生の問題、床材の遮音の問題など、集合住宅として他の住戸や居住者への配慮が必要となります。そのようなことから、専有部は『個人の持ち物』なのですが、標準管理規約では、規約・使用細則を定め管理組合に無断で工事が行われないようにしています。

専有部分のリフォームを行う場合、規約・使用細則を充分確認し理解してから実施することで工事の際はもちろん、工事が完了したあとのトラブルの防止に繋がります。

専有部分のリフォームについて、標準管理規約第17条で下記のように規定されております。

第17条　区分所有者は、その専有部分について、修繕、模様替え又は建物に定着する物件の取付け若しくは取替え（以下「修繕等」という。）を行おうとするときは、あらかじめ、理事長（第35条に定める理事長をいう。以下同じ。）にその旨を申請し、書面による承認を受けなければならない。
2　前項の場合において、区分所有者は、設計図、仕様書及び工程表を添付した申請書を理事長に提出しなければならない。
3　理事長は、第1項の規定による申請について、承認しようとするとき、又は不承認とようとするときは、理事会（第51条に定める理事会をいう。以下同じ。）の決議を経なければならない。
4　第1項の承認があったときは、区分所有者は、承認の範囲内において、専有部分の修繕等に係る共用部分の工事を行うことができる。
5　理事長又はその指定を受けた者は、本条の施行に必要な範囲内において、修繕等の箇所に立ち入り、必要な調査を行うことができる。この場合において、区分所有者は、正当な理由がなければこれを拒否してはならない。

くわえて、第17条のコメントでは、専有部のリフォームについて更に具体的に示されています。

① 区分所有者は、区分所有法第6条第1項の規定により、専有部分の増築又は建物の主要構造部に影響を及ぼす行為を実施することはできない。

②「専有部分の修繕、模様替え又は建物に定着する物件の取付け若しくは取替え」の工事の具体例としては、床のフローリング、ユニットバスの設置、主要構造部に直接取り付けるエアコンの設置、配管（配線）の枝管（枝線）の取付け・取替え、間取りの変更等がある。

③ 本条は、配管（配線）の枝管（枝線）の取付け、取替え工事に当たって、共用部分内に係る工事についても、理事長の承認を得れば、区分所有者が行うことができることも想定している。

④ 専有部分の修繕等の実施は、共用部分に関係してくる場合もあることから、ここでは、そのような場合も想定し、区分所有法第18条の共用部分の管理に関する事項として、同条第2項の規定により、規約で別の方法を定めたものである。なお、区分所有法第17条の共用部分の変更に該当し、集会の決議を経ることが必要となる場合もあることに留意する必要がある。

⑤ 承認を行うに当たっては、専門的な判断が必要となる場合も考えられることから、専門的知識を有する者（建築士、建築設備の専門家等）の意見を聴く等により専門家の協力を得ることを考慮する。特に、フローリング工事の場合には、構造、工事の仕様、材料等により影響が異なるので、専門家への確認が

必要である。
⑥ 承認の判断に際して、調査等により特別な費用がかかる場合には、申請者に負担させることが適当である。
⑦ 工事の躯体に与える影響、防火、防音等の影響、耐力計算上の問題、他の住戸への影響等を考慮して、承認するかどうか判断する。
⑧ 専有部分に関する工事であっても、他の居住者等に影響を与えることが考えられるため、工事内容等を掲示する等の方法により、他の区分所有者等へ周知を図ることが適当である。
⑨ 本条の承認を受けないで、専有部分の修繕等の工事を行った場合には、第67条の規定により、理事長は、その是正等のため必要な勧告又は指示若しくは警告を行うか、その差止め、排除又は原状回復のための必要な措置等をとることができる。
⑩ 本条の規定のほか、具体的な手続き、区分所有者の遵守すべき事項等詳細については、使用細則に別途定めるものとする。
⑪ 申請書及び承認書の様式は、次のとおりとする。

> 専有部分修繕等工事申請書
>
> 令和　年　月　日
>
> ○○マンション管理組合
>
> 理事長○○○○ 殿
>
> 氏名○○○○
>
> 下記により、専有部分の修繕等の工事を実施することとしたいので、○○マンション管理規約第17条の規定に基づき申請します。
>
> 記
>
> 1 対象住戸○○号室

2 工事内容
3 工事期間令和　年　月　日から
　令和　年　月　日まで
4 施工業者
5 添付書類設計図、仕様書及び工程表

専有部分修繕等工事承認書
令和　年　月　日
〇　〇〇〇 殿
令和年月日に申請のありました〇〇号室における専有部分の修繕等の工事については、実施することを承認します。
（条件）
〇　〇〇管理組合
理事長　〇〇〇〇

専有部分の修繕等の承認申請は、区分所有者が行うべきこととなっているので、賃借人などの占有者が修繕等を希望するときは、賃貸借契約などを確認した上で区分所有者に対してその実施を申し入れ、区分所有者からその承認申請を行うこととなります。

専有部のリフォームにおける詳細なルール作りとして、専有部の設備の種類、マンション全体の電気の容量やガスの供給能管理などの個別の事情を考慮して使用細則を制定することが不可欠となります。

その場合、対象となるマンションの管理規約固有の規定などを考慮して、これと抵触し又は齟齬の生じる事がないように慎重を期する必要があります。

また、実務上理事会が承認をすることになっているが、設計図書や仕様書、工程表などを確認して結論を出すこともありますので、日頃から建築士やマンション管理士、マンションリフォームマネージャなどの専門家に相談できるネットワークを構築することをお勧めします。

その他、トラブルが起きないように次の事項を細則で定めるとよいでしょう。

＊承認申請の方式：申請書の様式・必要書類、提出の日時

＊承認申請の審査及び却下：調査・審査・補正・却下の判定

＊工事計画に関する掲示等：居住者への周知方法、周知規定

＊工事計画に対する調査等の申立て：他の区分所有者及び占有者が管理組合に調査又は異議の申立てについての規定

＊調査費用等負担金の納入：調査に係る費用の負担についての規定

＊承認又は不承認の決定：専有部修繕の承認、不承認の判定方法及び規定

＊承認の取消し等：専有部修繕の承認取消し事項の規定

＊届出書類の保管等：届出書類の保管方法、保管期間、閲覧方法

＊調査の委託：調査の委託についての規定、調査委託費用の負担方法

＊紛争解決等の責任：紛争が起きた場合の解決、処理に関する規定

しかしながら、水漏れや火災等が発生し、その被害の修復のために迅速に専有部分の修繕等を行う必要が生じた場合には、例外規定として申請の添付書類を大幅に省略し、また工事計画の掲示及び調査等の申出の方式によ

らずに、原状回復の範囲内で容易に修繕等が実施できるよう規定を緩和することや、この場合に、更に承認申請期間や承認審査期間を短縮する定めを置くことも決めておく必要があるかもしれません。

専有部のリフォームといっても、壁紙を張り替える程度の模様替えなどリフォーム範囲が明らかに専有部分内に限定され、躯体への悪影響や近接住戸への影響のない工事については、承認を必要としないで届出だけですむような方法も効率的ではないでしょうか。

いずれにしてもマンション個別の事情を考慮して対応することが大切です。

管理組合の収益事業

建物は、築年数が経過することによって維持、管理の費用が増えます。

それは、竣工当初は小さい修理で済んでいたものが、築年数の経過とともに給・排水管の更新工事など大きな修理が必要になってくるからです。

築年数が経過したマンションでは維持、管理の費用が増えた分、管理費を値上げしなくてはなりません。

しかしながら、管理費を支払う組合員の高齢化は進み収入が減ってくるので、管理費の増加の合意形成は困難になります。

そこで管理組合は収入を増やすために管理組合で収益事業行うことを検討して実施する必要が出てきます。

管理組合の収益事業は、一般的に、駐車場を区分所有者以外の外部の人に貸し出すこと、携帯基地局の設置、自動販売機の設置、屋上等に企業などの看板の設置など行いその賃料や手数料を管理組合の収入にすることなどです。

本来、マンション管理組合は、そのマンションの区分所有者を構成員とする組合であり、その組合員との間で行う共用施設の使用に関する収入は収益事業に該当しません。

ですから、その使用料の収入は課税対象になりません。

理由として、マンションの共用施設の駐車場やゲストルーム、パーティールームの使用を組合員が自ら運営する管理組合を通じて、使用することはある意味マンションの福利厚生施設を利用するようなもので、組合員に最大の奉仕をすることを目的として事業を行う共済事業として考えられているからです。

しかし、管理組合が組合員やその家族以外の外部の人に、営利（収入）を目的に行う場合には、それが収益事業とされるため、課税対象になることがあります。

駐車場の場合を例に挙げますと、組合員である区分所有者に対する駐車場の貸付けに係るものは不課税となりますが、組合員以外の者に対する貸付けに係るものは課税対象となります。

詳細については国税局の「駐車場の外部使用（イメージ）」の表をご参考にしてください。

どのような事業が収益事業の対象になるのかという点に関しては、法人税法で規定されている34種類の事業（法人税法施行令第5条1項）に該当するもので、継続して事業場を設けて営まれるものが課税の対象になります。

管理組合が収益事業を行うと、当然に収益事業の収入の確定申告を税務署に行うことになりますので、税務申告に必要な税理士の報酬など経費が発生することになります。

管理組合の収入を上げる目的ではなく、居住者の利便性を考慮して自動販売機設置する場合やクリーニングなどの取次行う場合には、販売品の金額を低く抑えたり、取次料などの利益が出ない価格にしたりすることで税務申告に必要な税理士の報酬など経費を抑える必要があります。

法人税法施行令第5条1項に規定されている34種類の事業

物品販売業、不動産販売業、金銭貸付業、物品貸付業、不動産貸付業、製造業、通信業、運送業、倉庫業、請負業、印刷業、出版業、写真業、席貸業、旅館業、料理店業その他の飲食店業、周旋業、代理業、仲立業、問屋業、鉱業、土石採取業、浴場業、理容業、美容業、興行業、遊技所業、遊覧所業、医療保険業、技芸教授業、駐車場業、信用保証業、無体財産権提供業、労働者派遣業をいいます。

マンション駐車場の外部使用

出典：国税庁ホームページ

前 提

- マンションの管理規約が、区分所有者以外の者（非区分所有者）に対して駐車場の外部使用を行うことが可能となっている。
- 非区分所有者への駐車場の使用による収益は、マンション管理費又は修繕積立金に充当し、区分所有者へは分配しない。

※ 以下では、区分所有者の使用を 内部 、非区分所有者の使用を 外部 と表示。

《 ケース１ 》

Aマンション駐車場

内部	外部	内部	外部	内部
外部	内部	外部	内部	外部

［事実関係］

- 募集は広く行い、使用許可は、区分所有者であるかどうかを問わず、申込み順とする。
- 使用料金、使用期間などの貸出し条件において、区分所有者と非区分所有者との差異がない。

⇒ もはや、区分所有者のための共済的な事業とはいえない（単なる市中の有料駐車場と変わらない。）。

非区分所有者の使用のみならず、区分所有者の使用を含めた駐車場使用のすべてが駐車場業として収益事業に該当する。 **⇒ 全部収益事業**

《 ケース２ 》

Bマンション駐車場

内部	内部	内部	外部	内部
内部	内部	外部	内部	外部

［事実関係］

- 区分所有者の使用希望がない場合にのみ非区分所有者への募集を行い、申込みがあれば許可する。
- 貸出しを受けた非区分所有者は、区分所有者の使用希望があれば、早期に明け渡す必要がある。

⇒ 区分所有者のための共済的な事業と余剰スペースを活用する事業を行っている。

区分所有者の使用は共済的な事業（非収益事業）であり、余剰スペースを利用した事業のみが収益事業（駐車場業）に該当する。 **⇒ 一部収益事業（区分経理が必要）**

《 ケース３ 》

Cマンション駐車場

内部	内部	内部	内部	内部
内部	内部	内部	内部	外部

［事実関係］

- 区分所有者の使用希望がない場合であっても、非区分所有者に対する積極的な募集は行わない。
- 非区分所有者から申出があり、空き駐車場があれば、短期的な非区分所有者への貸出しを許可する。

⇒ 臨時的かつ短期的な貸出しに過ぎず、非区分所有者への貸出しは独立した「事業」とはいえない。

非区分所有者の使用による収益は、区分所有者のための共済的な事業を行うに当たっての付随行為とみることができる。 **⇒ 全部非収益事業**

不在組合員の協力金

標準管理規約第35条第3項では、「理事及び監事は、組合員のうちから、総会で選任する」と、役員の資格を「組合員」としていますが、それぞれのマンションの実態に応じて、「そのマンションに現に居住する。」など居住要件を加えることも可能とされています。ただしこの場合、現に居住する組合員のみが役員に就任できることになります。さらに、単身赴任等で一時的に不在でも同居の家族等がなお住んでいるような場合には、彼らがその役割を果たせるよう、「同居の家族等」にも役員資格を認めるとすることが考えられ、このような取り決めをしている管理規約も数多くあります。

ただ、投資目的や転居によって住戸を賃貸に出しているような場合などには、やはり管理費負担に不公平な状況が生じてしまいます。

そこで、このような不公平感を是正するために、不在組合員に対して協力金を追加徴収できるように規約の改正ができるか否かですが、最高裁判所は、追加徴収する必要性やその徴収額の程度によっては、社会通念上受忍すべき限度を超えた不利益をもたらさないとして、不在組合員の承諾がなくとも規約変更できると判断しました。したがって、追加徴収の必要性が低い場合や、不在組合員に受忍限度を超える経済的負担増をもたらす規約変更の場合には、区分所有法第31条第1項後段の「規約の設定、変更又は廃止が一部の組合員の権利に特別な影響を及ぼすべきときは、その承諾を得なければならない。」に基づき、不在組合員の承諾が必要になります。

なお、専有部に居住していない場合でも、当該専有部の賃貸は行わず、セカンドハウスとして使用している場合、家族や親戚に使用させている場合、空室にしている場合などが考えられますので、規約や細則などで協力金を追加徴収できる不在組合員の判定基準を定めることも必要です。

最高裁判所　判例要旨

マンションの管理組合を運営するに当たって必要となる業務及びその費用は、本来、その構成員である組合員全員が平等にこれを負担すべきものであって、かかる不公平を是正する規約改正には必要性と合理性が認められる。また負担額2500円は管理費用の15%に過ぎず相当な金額であり、特別の影響を及ぼす場合にあたらない、とした（最高裁平成22年1月26日判）

進む高齢化と賃貸化の章でも述べましたが、以前は、マンションを買い替える場合は、今住んでいるマンションを売って住み替えをしていました。最近は少子高齢化による高齢者介護の問題等、将来的な不安から安定した家賃収入を得ることを前提に、今住んでいるマンションを売却しないでそれを賃貸に出す区分所有者が増えています。分譲マンションは、一般の賃貸マンションに比べて一般的に設備もよく、充実しているし、構造がしっかりしており、防音や防災の面で優れているといわれています。加えて、修繕補修などの心配がない、セキュリティがしっかりしているなどで人気が高いことが考えられます。退職して年金生活を送る人にとっては、こうした家賃収入は生活の支えになっているケースもあります。

築年数を経るにしたがって、分譲マンションの中で賃貸に出される比率は高くなります。近年分譲マンションの賃貸化が進み「役員のなり手がいない。」という相談が多くなっています。

また、それにより、総会に実際に出席する組合員の数も減少する傾向にあります。

議決権行使書や委任状の役割が重要になりました。この書面または代理人による議決権行使は、区分所有者の法律上の権利ですから、規約等でこれを一切認めないと定めたり、著しい制限を加えたりすることは認められません。

この章では賃貸化の問題となるポイントを具体的にとりあげました。

管理組合会計の
決算・監査

マンション管理組合は、組合員の皆様から納入された、管理費や修繕積立金や駐車場の使用料金等が、適正に支出されて、無駄なく使わなければならないという使命を担っています。管理組合の健全なる発展のためにも管理組合における収納、支出に関する実務は大変重要であり、理事長以下役員にとっては会計の透明性確保は責任ある仕事です。

しかしながら、管理組合会計は多くの人が判り難いという先入観からいやがられる管理組合業務のひとつです。

また、非営利法人である、管理組合法人及び法人格のない権利なき社団である通常のマンション管理組合について定められた会計基準は特にありません。それが、一般の企業会計と大きく異なります。また、標準管理規約でも詳細な会計について規定が存在しないことから、多くのマンション管理組合では、管理を委託している管理会社ごとに定められた企業会計を基にした財務会計の書式や方式により会計処理が行われています。

管理会社を変更したら、会計の書式も変更になった

管理会社では従来は会計書類を、物件ごとに担当フロントが作成していましたが、最近では、多くの管理会社は担当フロントによる不正の防止や会計処理の効率化を図るために、独自の会計システムで毎月の収支会計帳票の作成・報告、予算案(素案)や決算案(素案)の作成を専門の会計部署で行っております。

その様に分業化した事で、担当フロントの負担が軽くなり一人当たりの担当物件を多く持つことが可能になったといわれています。

従って、以前の管理会社と同じ書式や科目などにより作成する場合、一つ一つ手作業でデータを入力するために誤入力してしまうことや作業効率が悪くなってしまうために管理組合がシステムの変更を申し出てもその変更は難しいと思います。会計はマンション管理の要であり、管理会社の会計ソフトにわせることで入力ミスがなくなるなどメリットが多くあります。そのためには新しい管理会社システムを受け入れることが必要と考えます。

管理費の決め方

管理費の使途については標準管理規約第27条に通常の管理に要する経費に充当することが規定されています。通常の管理は標準管理規約第21条で示されています。「敷地及び共用部分の維持管理については、管理組合がその責任と負担においてこれを行うものとする」と規定されています。具体的には管理会社に支払う管理委託費のほか、共用部分の水道光熱費や共用部にかけられる損害保険料、等です。修繕積立金は、計画的に実施される計画修繕の費用や、災害などの緊急事の補修や復旧に備える費用として積み立てられているお金です。

管理費や修繕積立金は、どのようにして決められるのでしょうか。

マンションを建設する事業主（デベロッパー）や管理会社は、そのマンションを敷地・建物・設備を勘案して維持管理するのに年間どの位の費用が発生するのかを積算します。その金額を各住戸の床面積割合に応じて按分します。したがって、一般的には専有部分の面積が広い住戸は狭い住戸より管理費、修繕積立金を多く支払わなければなりません。区分所有法第19条では「各共有者は、規約に別段の定めがない限りその持ち分に応じて、共用部分の負担に任じ、共用部分から生ずる利益を収取する。」と規定されています。但し規約で「別段の定めをすることができる。」ことも規定されていますので、マンションの住戸全体を専有部分の広さに係らず、同じにすることは一定の範囲であれば、許容範囲といえるでしょう。

竣工当初は、デベロッパーや管理会社が決めた管理費、修繕積立金でスタートすることも多くあります。

管理費や修繕積立金は一般的に規約に定められています。したがって管理費や積立金の金額が規約に定められている場合にはその金額の見直しをすることは『総会の特別決議』で承認が必要です。規約に規定されていない場合は普通決議で変更は可能ですが、管理費や修繕積立金の変更は組合員にとっては大きな負担になる事が多いので、修繕積立金の見直し後トラブルを回避する目的で『総会の特別決議』で行うことも考えられます。

まだ竣工間もないマンションの場合にはマンション竣工当初は、アフターサービス期間中であることや設備などの劣化も生じないために、小修繕費、営繕費の支出が少ないので管理費に余剰金が多く発生しているだけです。それは築年数が浅いという特殊な事情で余剰金が多く発生しています。竣工間もないマンションで管理費を値下げする管理組合も時々ありますが、後々の支出を考慮するとそれは適切な措置でないこともあるので慎重に検討することが必要です。マンションは、築年数が経過することで、建物・設備などの不具合が発生しやすくなり、経常的な補修費用が多く発生します。したがって、今のうちに貯金しておくという気持ちが大切です。なお、国土交通省が平成23年に『修繕積立金に関するガイドライン』を通達しております。ここでは修繕積立金の目安と算出方法が採録されています。

管理費余剰金

管理費と修繕積立金は前述したように使い途が異なるので、分別して管理します。管理費に余剰金が生じたからといって修繕積立金に繰り入れてしまうと分別した意味が無くなってしまいます。また、将来の資金計画にも支障が出てしまうことも考えられます。その趣旨からいっても繰り入れすることはできません。勿論、総会の普通決議で承認を得ても規約違反です。しかしながら、修繕積立金に繰り入れることで、修繕積立金の見直しをしないですむことや金額の値上げ幅を縮小できるなどメリットもあることは事実です。ですから、どうしても管理費を修繕積立金に繰り入れる必要があるという管理組合は、規約を変更して一般管理に余剰金が出た場合には総会の決議で修繕積立金に繰り入れを行うことができるようすることも考えられます。

マンション管理組合会計は、管理組合を構成する組合員に管理組合の財政状況を報告することが主な目的です。そして限られた収入で必要な支出をどのように賄うのかが命題であり予算の実績対比を行うことが必要です。

我が国のマンションの90％以上は、会計業務を管理会社に委託しているといわれています。管理組合の理事、監事は、管理会社から会計の月次報告書をただ鵜呑みにするだけでなく、自分たちの財産が適正に有効に使われているのかどうかを確認して把握しなければなりません。

また、組合員は、総会の議案書に記載されている収支決算報告をチェックして不明な点やわからないことがあれば、理事会や管理会社に説明してもらいましょう。

管理規約の理事が
理解しておくポイント

区分所有建物では、快適なマンションライフを維持するために「建物の区分所有等に関する法律（以下、区分所有法）」によって、区分所有者間の所有関係や権利・義務といった基本的なことを定めています。

区分所有法第30条（規約事項）
建物またはその敷地若くは付属施設の管理または使用に関する区分所有者相互間の事項は、この法律に定めるもののほか、規約で定めることができる。

区分所有法ではこのような状況を想定し、個々のマンションの実状に応じたルールを定めることができるとしています。

このルールブックが「管理規約」です。

管理規約では、共用部分の範囲、使用方法、理事会の権限や義務など管理組合運営に必要なことが決められていて、いわば「マンションの憲法」と言えます。

使用細則は管理規約を補う細かいルールで「マンションの法律」と言われています。

管理規約は、全ての区分所有者に対して効力および、相続や売買により新たに区分所有者になった人も当然その効力の対象となります。

また、賃借人についても建物等の使用方法に関しては区分所有者と同じ義務を負いますので、規約に基づいた使用を行わなければなりません。管理規約の定める管理対象は、管理組合の目的が建物およびその敷地ならびに付属施設の管理であることから、これらが対象となります。

この場合の建物には、共用部分も専有部分

も含まれます。

※管理規約の対象に専有部分が含まれていることから、その管理・使用についても合理的な範囲で一定の制限をすることができます。

管理規約を新しく定めたり、変更したりする場合は、総会にて区分所有者および議決権の4分の3以上の決議が必要になります。

マンション管理で困ったときには

「マンション管理適正化推進センター」としての相談窓口

住所

〒101－0003

東京都千代田区一ツ橋2丁目5－5

岩波書店一ツ橋ビル7階

◇電話番号

○管理組合運営、管理規約等のご相談…

03（3222）1517

○建物・設備の維持管理のご相談…

03（3222）1519

電話でのご相談は、月曜日～金曜日（祝日及び年末・年始休みを除く）の9時30分～17時の時間帯でお受けしています。

（公財）マンション管理センターは、平成13年8月に施行された「マンション管理適正化法」に基づき、「マンション管理適正化推進センター」の指定を受けている唯一の団体です。

管理組合の役員、組合員、マンション居住者からの相談はもちろん管理会社、不動産会社、地方自治体、マンション管理士、弁護士などマンション管理のプロからも相談も多い、信頼できる相談窓口です。

おわりに

分譲マンションは、都市型の居住形態として広く普及されて、マンションに住むということは都市部では当たり前になっています。今後も分譲マンションは増加することが見込まれています。

職業柄、若い区分所有者の皆さんとお話す

る機会が多くありますが、マンションで生まれ育ったという方が多いのには驚かされます。

近時、区分所有者の高齢化で、「役員のなり手がいない。」ということが大きな問題として取りざたされております。

築年数の経過したマンションでは、区分所有者の二代目が理事会役員に就任されて管理組合運営に積極的に参加されている例も多くあります。

彼らは、小中学校時代から幼馴染なのでコミュニケーションも良好で、マンションの良き歴史も悪しき歴史も知り尽くしているので管理組合にとっては斬新で新鮮な考え方等、新しい息吹を吹き込んで大きな戦力になっております。

このように、管理組合役員の世代交代に積極的に取り組んで行くことも「マンションの老いるショック」の対策には必要です。

マンションは、鉄骨やコンクリートなど耐久性のある材料で造られておりますが、新築のマンションも購入したその日から、劣化が始まります。

このため、建物や設備の劣化に応じて適切な時期に適切な修繕を行うことが、快適な住まいとしての価値と資産価値の保全のために重要になります。

自分の財産は自分で守ることが基本です、マンション管理適正法でもマンション管理の主体は管理組合であることが明記されています。

かわいい子や孫へマンションを残すためには、マンションに住むお一人お一人がマンション管理に関心を高くもって世代を超えてそれを受け継いでゆくことが大切です。

本書では、マンションの『人の老い』・『建物の老朽化』について国土交通省から公表されている通達やデータを参考に事例も含めわかりやすく説明をしました。

本書が、マンション管理に関わるすべての皆様にご活用いただき「地域一番」の分譲マンションの居住の実現に役立つことを願っております。

最後に、本書の出版にあたりご協力いただきました、株式会社セラフ榎本、株式会社セゾン保険サービス、東京都マンション管理士会城東支部の山田洋治郎副支部長をはじめとする皆さまに深く感謝申し上げます。

▶著者プロフィール

松本　洋（まつもと　ひろし）

1954年　東京都目黒区　生まれ
不動産会社、商社系マンション管理会社勤務
2005年マンション管理士事務所開業
松本マンション管理士事務所　代表

所属団体　東京都マンション管理士会城東支部　事務局長
著　　書　買ったときより高く売れるマンション　アーク出版
資　　格
マンション管理士　管理業務主任者　宅地建物取引士　測量士補　2級FP技能士
甲種防火管理者　東京都マンションアドバイザー　東京都高齢者生活支援委員ほか
マスコミ・メディア
NHK ニュースウォッチ　NHK あさイチ　NHK 首都圏ネットワーク　TBS テレビ ビビット　フジテレビ とくダネ
読売新聞　日刊ゲンダイ　東都よみうり　日刊スポーツ マンションタイムズ　ほか
全国地方自治体主催　セミナー講師　相談員

マンションの老いるショック！

2020年8月11日　第1刷発行

著　者　　松本 洋
発行者　　日本橋出版
〒103-0023　東京都中央区日本橋本町2-3-15　共同ビル新本町5階
電話：03-6273-2638
URL：https://nihonbashi-pub.co.jp/
発売元　　星雲社（共同出版社・流通責任出版社）
〒102-0005　東京都文京区水道1-3-30
電話：03-3868-3275

ISBN978-4-434-27643-9　C2034